Anthony de Jasay

European Center of Austrian Economics Foundation, Liechtenstein
STUDIEN ZUR WIRTSCHAFTS- UND GESELLSCHAFTSORDNUNG
Herausgegeben von Kurt R. Leube

Anthony de Jasay

Liberale Vernunft Soziale Verwirrung

Gesammelte Essays

Meridiana Publishers

Copyright 2008, European Center of Austrian Economics Foundation, Liechtenstein (ECAEF)

All rights reserved. No reproduction may be made in any form without permission from ECAEF.

Photograph of Anthony de Jasay reproduced by kind permission of the author.

Published by :
Meridiana Publishers, Meridiana (Pvt) Limited
48 Siripa Road, Colombo 5, Sri Lanka

Printed and bound by :
Lake House Printers and Publishers PLC
41 W.A.D. Ramanayake Mawatha, Colombo 2, Sri Lanka

National Library of Sri Lanka-Cataloguing in Publication Data

de Jasay, Anthony
    Liberale Vernunft – Soziale Verwirrung / Anthony de Jasay
    ed. by Kurt R. Leube .-
    First edition - Colombo: Meridiana Publishers, 2008.
    Vol. V, p. 220 : photo : 21cm.

    ISBN 978-955-1518-04-2

i. de Jasay, Anthony	ii. Liberale Vernunft – Soziale Verwirrung
iii. Leube, Kurt R. – ed.	1. Politics
2. Socialism	3. Philosophy
4. Economics	5. Collection

First Edition:	2008, Meridiana Publishers, Meridiana (Pvt) Limited, Colombo.
Typeset in:	Palatino
Design and Typesetting:	Andre Wendt (www.i-d-online.com)
	ISBN 978-955-1518-04-2

Inhaltsverzeichnis

Zum Geleit — V

Vorwort
Die Vernunft als Geheimwaffe — IX

Politik
Wenn das soziale Netz die Arbeit erwürgt — 3
Eingebaute Arbeitslosigkeit — 9
Brot und Spiele — 20
Der Hang zum Sozial-Masochismus — 25
Die französische Tragikomödie — 30

Sozialismus
Wozu noch Marx? Bentham und Mill genügen — 39
Kann Marktkonformität die Effizienz bewahren? — 48
Umverteilung mindert die Effizienz — 52
Über Umverteilung — 54

Philosophie
Kann man eine Qualle verletzen? — 103
Ist National Rational? Ursachen und Folgen ethnischer Konflikte — 105
Gerechtigkeit — 119
Geordnete Anarchie — 160
Der Kampf zur Erzwingung des Glücks — 168
Warum „soziale Gerechtigkeit" ungerecht ist — 172
Papageiengeschwätz — 177
Jedem das Seine, jedem das Gleiche — 186

Zum Geleit

„A first step to an adequate understanding of the state is to think about an environment without one." Anthony de Jasay

1925 bei Aba, einer kleineren Siedlung in der Nähe von Szekesfehervar in den ungarischen Landadel geboren, studierte Anthony de Jasay zunächst Landwirtschaftsökonomie in Budapest. Nach der kommunistischen Machtübernahme in Ungarn floh er 1948 ins Österreich der Nachkriegsjahre, schlug sich dort meist in und um Salzburg zwei Jahre lang durch, und wanderte 1950 schliesslich ins westliche Australien aus. In Perth finanzierte er sich durch Gelegenheitsarbeiten das Studium der Wirtschaftswissenschaften und schloss es an der dortigen Universität ab. Ein Stipendium ermöglichte es ihm 1955 an die Oxford University zu gehen, wo er am Nuffield College bald zum Research Fellow gemacht wurde und dort während der nächsten sieben Jahre lehrte, forschte und in den wichtigsten akademischen Zeitschriften publizierte. 1962 entschloss sich de Jasay allerdings ins Bankwesen umzusatteln und zog nach Paris, wo er zunächst als unselbstständiger Investmentbanker und wenig später dann in eigener Verantwortung so erfolgreich war, dass er sich schon 1979 in die Abgeschiedenheit der Normandie zurückziehen konnte. Dort lebt er nun seit bald 30 Jahren als „Privatgelehrter" mit seiner Frau Isabelle und widmet sich ausschliesslich der Wissenschaft.

Obwohl sein Interesse an der klassischen Nationalökonomie und der Spieltheorie nie ganz verloren ging, gilt sein Denken in erster Linie den Problemen der Sozial- und der politischen Philosophie. Auf Grundlage einer soliden Erkenntnistheorie geht es Anthony de Jasay dabei im Wesentlichen darum, den politischen und somit auch den wirtschaftlichen Liberalismus neu zu formulieren. Für ihn ist das Individuum prinzipiell in seinem Handeln frei, solange es keine begründbaren Einwände gibt. De Jasay's Sozialordnung beruht somit auf privatem Eigentum, auf freiwilligen Vertragsbeziehungen, der individuellen Verantwortung und auf der individuellen Reputation, die sich aus dem gegenseitig begründeten Vertrauen ergibt. Mit scharfer Logik weist er damit die Denkfehler jener politisch zündenden, aber unhaltbaren Philosophien nach, die den Staat als allwissende und notwendige Instanz zur Durchsetzung eines vagen „öffentlichen Interesses", einer „sozialen Gerechtigkeit", oder gar „echter, gerechtfertigter Bedürfnisse" sehen.

Obwohl das fortschreitende Nachlassen seiner Sehkraft sein Arbeitstempo stark beeinträchtigt, zeugen seine ungezählten Essays und sein halbes Dutzend grosser Bücher von fast ungebrochener Schaffenskraft. Viele seiner Werke wurden in mehrere Sprachen übersetzt. Zu seinen wichtigsten Büchern zählen u.a. „The State" (1985), „Choice, Contract, Consent" (1991), „Against Politics" (1997), oder „Justice and its Surroundings" (2002).

Wenn auch vom internationalen akademischen Establishment noch immer schändlich zur Seite gedrängt, zählt Anthony de Jasay doch zu den originellsten, interessantesten und konsequentesten Denkern der Gegenwart. Er gehört zu jener kleinen Gruppe grosser Denker, die sich kaum je selbst zitieren oder wiederholen. Die innere Konsistenz seiner Ideen, die zwingende Logik und ehrliche Wissenschaftlichkeit, aber auch die Klarheit seines Ausdrucks sind unerreicht. De Jasay's elegante Haltung, sein liebenswertes Wesen, und sein feiner Humor sind Legion. Als Mensch kommt er dem Ideal des ‚gentleman' gewiss so nahe, als es Menschlichkeit erlaubt.

Neben einigen bisher unveröffentlichen Arbeiten, sind in diesem Band alle seiner bisher deutsch erschienenen Essays vereint. Um dem Leser auch die Möglichkeit zu bieten, Anthony de Jasay's brillianten englischen Stil kennen zu lernen, haben wir den letzten im Original belassen. Diese Sammlung ist ihm in Freundschaft und Dankbarkeit gewidmet.

Kurt R. Leube
Hoover Institution, Stanford (USA)
und ECAEF, Vaduz (FL), 2008

Liberale Vernunft und soziale Verwirrung - die Vernunft als Geheimwaffe

Die Verteidigung liberalen Denkens, einer liberalen Lebensweise und eines Systems, das am wenigsten regelnd in die Angelegenheiten einer Gesellschaft eingreift, war oft mit einem Hoch auf die Freiheit und mit der Verurteilung jener Ideen und kollektiven Entscheidungen verbunden, die sie beschränken oder gar endgültig abwürgen.

Wenn wir behaupten, die Freiheit sei ein grosser Wert so hilft dies allenfalls, uns an etwas zu erinnern was wir mitunter vergessen und uns kaum je bewusst machen. Als Waffe im Kampf zwischen den Ideologien aber ist dies nicht sehr wirkungsvoll. Im Wesentlichen richtet sich dieser Appell ja an die eigenen Reihen und erreicht kaum je ihre Gegner. Er hat aber auch nicht viel Gewicht in den politischen Diskussionen, die in der Hauptsache durch die Gewinner und die Verlierer entschieden werden, die glauben von der einen Politik mehr als von einer anderen zu gewinnen oder zu verlieren.

Der Grund dafür ist, dass wenn die Freiheit schon einen Wert darstellt, so ist sie kaum der einzige. Ob es sich nun um ein Prinzip oder um praktische Politik handelt, ein auf dem Wert der Freiheit beruhendes Argument kann immer durch andere gekontert werden, die sich auf Gleichheit, auf Solidarität, Menschenrechte, oder, wie jetzt üblich, sogar auf der Erhaltung des Planeten stützen. Solche Wertediskussionen können vielleicht noch durch den lautesten Schreier oder durch ein Mehrheitsvotum, nicht aber durch logische Auseinandersetzung entschieden werden. Sie sind nicht wirklich überzeugend.

Die vorliegende Sammlung kurzer Artikel und Essays unterscheidet sich davon durch einen anderen Ansatz. In erster Linie richtet sich dieser gegen den Sozialismus in seinen verschiedenen

Vorwort

Ausformungen, inklusive jener besonders verwässerten Form, die behauptet Sympathien weder für Marx noch für den Klassenkampf zu haben, und die sich nicht einmal sozialistisch nennt, aber doch aus utilitaristisch „pragmatischen" Gründen sozialistische Ziele verfolgt. Ich glaube allerdings, dass der richtige Weg die sozialistische Ideologie und den Wohlfahrtsstaat zu bekämpfen, nicht darin besteht deren behauptete Werte in Frage zu stellen oder zu zeigen, dass sie mit der Freiheit in Konflikt stehen. Ihr schwacher Punkt liegt anderswo. Und zwar im verworrenen, konfusen Denken, in der Widersprüchlichkeit, im Unvermögen die Konsequenzen ihrer Vorschläge abschätzen zu können, oder im demagogischen Appell an die kürzestfristigen Interessen ihrer Anhänger. Der Grund dieser Schwäche ist wahrscheinlich aber nicht darin zu suchen, dass Sozialisten den Nicht-Sozialisten intellektuell unterlegen wären. Vielmehr ist es gerade ihre übergrosse Ambition zu viel Gutes tun zu wollen, die Natur zu kontrollieren, Chancen zu eliminieren, und überdies noch alle wirklichen oder vermeintlichen Probleme zu lösen. Und während sie all diese Dinge zu bewerkstelligen versuchen, geraten sie immer tiefer in die Illusion, in die Konfusion, um sich endlich dann ganz der Realität zu verschliessen.

Die „Geheimwaffe", die hier am ehesten eingesetzt werden kann, ist die Klarheit der Gedanken und der einfache Hausverstand. Um die harte Schale eines schwachen Argumentes aufzubrechen, reicht es meist schon seine logische Inkonsistenz oder seine falsche Realitätssicht zu finden. Solche Fehler weisen gewöhnlich nicht nur auf weitere hin, sondern lassen durch das Aufzeigen ihrer Absurdität, auch die Entkräftung der sozialistischen Position zu.

Jedes Essay in dieser kleinen und dankenswerterweise kurzen Sammlung ist ein Versuch, unhaltbare Argumente zur entkräften und offen zu legen. Der Leser wird allerdings bemerken, dass hier kaum die Rede vom Wert der Freiheit und von der Überzeugungskraft einer liberalen Doktrin ist. Wenn ich hier schon eine Erklärung für deren Abwesenheit geben soll, so würde ich sagen, dass der Kern einer liberalen Doktrin nicht sehr viel mehr, aber auch kaum weniger ist, als der richtige Gebrauch der Sprache, die klare Vernunft, und ein entsprechendes Urteilsvermögen.

Ich bin dem ECAEF und meinem Freund Kurt Leube für die Publikation dieser kleinen Aufsatzsammlung dankbar.

Anthony de Jasay
Seine Maritime (F), 2008

Kapitel 1

Politik

Politik

Neue Zürcher Zeitung, 12./13. Februar 1994, Nr. 36, S. 31

Wenn das soziale Netz die Arbeit erwürgt
Die Erwerbslosigkeit als chronische Krankheit

Endlich scheint das Problem der Arbeitslosigkeit die Öffentlichkeit aus ihrer Gleichgültigkeit zu reissen. Dafür ist es auch höchste Zeit. Während mehr als zwanzig Jahren hat sich - unberührt von kurzfristigen Schwankungen - die chronische Arbeitslosigkeit schleichend ausbreiten können. Dieses Übel frass sich praktisch unbemerkt durch die Volkswirtschaften, weil die Öffentlichkeit sich von den ständigen konjunkturellen Auf- und Abschwüngen ablenken liess: Ständig wurde behauptet, die Arbeitslosigkeit sei vor allem zyklischer Natur, der nächste richtige Aufschwung werde die Unterbeschäftigung praktisch wegfegen. Aber keine der Erholungsphasen brachte jeweils eine ernsthafte Linderung des Problems.

BLAUÄUGIGE DIAGNOSTIKER

Auf naive Weise begannen dann die Fachleute das Beschäftigungsproblem dem unglücklichen Zusammentreffen zufälliger „Krisen" zuzuschreiben: Als Erklärungen herhalten mussten beispielsweise zwei „Ölschocks", eine „Schuldenkrise", der Golfkrieg, die Stressphase der deutschen Wiedervereinigung, die Dämmerung des „postindustriellen Zeitalters" - als ob es in der Geschichte je eine Periode gegeben hätte, welche nicht einer holprigen Fahrt vom einen vermeintlichen Zufallsschock zum nächsten geglichen hätte.

Heute passiert etwas noch nie Dagewesenes. Die letzte - und wohl einzige - Periode, in welcher man in der industrialisierten Welt Arbeitslosigkeit als gefährliche und hartnäckig sich in die

Länge ziehende Krankheit einstufte, liegt schon weit zurück: Es war die Krise in den dreissiger Jahren. Dabei war die Lage seinerzeit zwar ernst, aber keineswegs hoffnungslos. Denn als Hitlers Vierjahresplan, Roosevelts „New Deal" und all die kleineren Arbeitsbeschaffungsprogramme in den anderen Ländern in die Tat umgesetzt wurden, begann die Arbeitslosigkeit in den meisten Regionen bereits wieder zu sinken. Heute ist dies anders; nach zwanzig Jahren stetig steigender Unterbeschäftigung sind, ausser in den USA, nirgendwo auch nur Anzeichen einer Trendwende zu erkennen. Soweit sich dies absehen lässt, dürfte in Europa die in Kürze erwartete wirtschaftliche Erholung auf die Beschäftigung bestenfalls leicht belebend wirken; zu befürchten ist, dass sie eine weitere Ausbreitung der Arbeitslosigkeit nicht wird verhindern können.

Alter Wein in neuen Schläuchen

Auf der Suche nach Ursachen und Therapien wird vielfach alter Wein in neuen Schläuchen verkauft, etwa mit Gemeinplätzen der folgenden Art: „Gegenwärtig geht eine tiefgreifende technologische Umwälzung vonstatten." (Zu entgegnen wäre: Umwälzungen finden dauernd statt; ernsthaft bedroht wird die Beschäftigung erst dann, wenn man die Veränderungen aufhalten wollte). „Maschinen nehmen den Menschen allzuviel Arbeit weg." (Gerade ein mutwilliger Abbau der Produktivität und eine „Verteilung der Arbeit" wären Lösungen, die dem Baron von Münchhausen alle Ehre machen würden). „Dem Welthandel ist zu viel Freiheit gewährt worden, zudem ist er nicht fair genug; gegen die billigen Arbeitskräfte und das ‚Sozialdumping' im Ausland ist der Kampf praktisch aussichtslos." (Je freier der Handel ist, desto rascher können Hochlohn- und Tieflohnländer ihre jeweiligen Vorteile in beiderseitigem Interesse nutzbar machen - dies über lebhaftern Handel und nicht über ein kriegerisches Konkurrenzverständnis).

„Arbeitsmärkte sind eben starr, die Ausbildung ist allzu schlecht auf die Bedürfnisse ausgerichtet." (Warum sollten Märkte und Ausbildung plötzlich starrer sein als vor zwanzig Jahren? Dies sind nicht Begründungen, sondern Beschönigungen).

Spielarten der Umverteilung

All dies sind so weiche Argumente, dass sie in einer kritischen Diskussion rasch hinfällig werden. Eine Erklärung für die hohe endemische Arbeitslosigkeit muss in modernen Umverteilungsdemokratien in einer ganz anderen Richtung gesucht werden. Der Kern des Problems tritt klar zutage, wenn man der Einfachheit halber von einer rudimentären Volkswirtschaft ausgeht, in der es lediglich zwei Typen von Einkommen gibt: Gewinne und Löhne. Zudem herrsche zunächst Vollbeschäftigung.

Man kann in dieser Lage nun durchaus eine gewisse Einkommensumverteilung vornehmen, indem man die Arbeitgeber besteuert und diese Mittel den Lohnempfängern zuleitet. Die Auswirkungen auf den Faktor Arbeit wären sehr gering, wird doch die Beschäftigung besteuert und subventioniert zugleich. Denn unter plausiblen Annahmen (und ohne Rücksicht auf die Transaktionskosten) wird die Steuerbelastung durch die Begünstigung der Lohnempfänger gerade wettgemacht: Da im betrachteten Fall die Lohnforderungen der Arbeitnehmer etwa im Gleichschritt mit den Lohnofferten der Arbeitgeber zurückgehen werden, bleibt die Vollbeschäftigung erhalten. Nach Abzug der Steuern befinden sich alle Einkommen auf dem alten Stand.

Nun könnte man aber auf die Idee kommen, die Umverteilung - nach wie vor zulasten der Gewinne und zugunsten der Arbeitnehmer - nicht über Geldflüsse laufen zu lassen, sondern gleichsam in Naturalien zu vollziehen: Die Begünstigten erhalten nicht Geld, sondern ein Bündel von Gütern und Dienstleistungen. Die Kosten, welche die Produktion eines solchen Bündels verursacht, wirken - analog zu oben - wie eine steuerliche Belastung der Beschäftigung. Grosszügigerweise sollen hier die Kosten des Eintreibens der Steuer und der Aufwand der Güterverteilung vernachlässigt werden. Ein Unterschied zum Fall der monetären Umverteilung kann sich somit höchstens dann ergeben, wenn das Steueraufkommen nicht jenem Wert entspricht, den die Begünstigten dem erhaltenen Güterkorb zumessen. Sollte also mit einem zusätzlichen Franken an erhobener Steuer etwas produziert und umverteilt werden, das den Empfängern weniger wert ist als ein Franken, wäre dies für das ganze System fatal.

Wer würde schon Geld zurückweisen?

Das Bündel an Gütern und Dienstleistungen, das üblicherweise auf diese Art und Weise umverteilt wird, heisst „sozialer Schutz". Er umfasst Absicherungen gegen eine ganze Reihe von Risiken, die im Leben auftauchen können: Krankheit, Arbeitslosigkeit, Pflegebedürftigkeit im Alter und andere Unbill. Die Arbeitnehmer scheinen diesen Absicherungen einen hohen Wert beizumessen; auf alle Vorschläge, die auf einen Abbau dieser Leistungen zielen, reagieren sie jeweils sehr aufgebracht. Die Lohnempfänger pochen aber wohl nur so unerbittlich auf ihr „wohlerworbenes Recht" auf sozialen Schutz, weil sie - was verständlich ist - glauben, dass der Löwenanteil der „Versicherungsprämie" für diesen Schutz von den Arbeitgebern bezahlt werde. Wie würden sie wohl reagieren, wenn sie zum Schluss kämen, dass das ganze soziale Netz letztlich doch aus ihren Löhnen bezahlt wird? Würden sie dann wohl die Umverteilung lieber in Naturalien in Form von Sozialleistungen oder lieber in Geld beziehen? Das Geld können sie ja nach eigenem Ermessen verwenden, können einen Teil für private Versicherung ausgeben, einen Teil für Konsum, können einen Teil sparen.

Wer die Arbeitnehmerschaft lieber mit einem fixen Bündel von Naturalien statt mit Geld beglücken will, muss schon zu einem stark paternalistischen Argument greifen, um dies zu rechtfertigen, muss etwa behaupten, dass den Leuten Umsicht und Voraussicht fehlen, um mit Geld umzugehen. Vielleicht rinnt einigen Leuten das Geld tatsächlich nur so durch die Finger, und dass einige Zeitgenossen nicht wüssten, was für sie gut wäre, kann man immer vorbringen. Für die Diagnose der endemischen Arbeitslosigkeit aber ist es irrelevant, was weise und was kurzsichtige Lohnempfänger mit umverteiltem Geld im Detail anstellen würden.

Was hier zählt, ist die Tatsache, dass das soziale Netz für viele Nutzniesser mehr kostet, als es ihnen bringt. Im Durchschnitt belastet nämlich ein zusätzlicher Franken, der in den sozialen Schutz gesteckt wird, die Beschäftigung stärker als er den Empfängern Nutzen stiftet. Die Arbeitskraft wird mit der Naturalumverteilung also höher besteuert, als sie subventioniert wird: Belastung und Begünstigung gleichen sich - anders als im obigen Fall - nicht mehr aus. Ein auf diese Art geknüpftes soziales Netz bedeutet für die Wirtschaft eine Zusatzbelastung - ganz unabhängig davon, wer missmutig die Kosten trägt und wer ungefragt mit Sozialleistungen beglückt wird. Die Folge ist, dass die Unternehmen angesichts dieser Sonderlast „umstrukturieren", was in erhöhte Arbeitslosigkeit mündet, wobei die Wurzel des Übels im „sozialen Schutz" liegt.

Unselige Besteuerung der Arbeit

In einem ersten Schritt bewirkt die Differenz zwischen Belastung und Begünstigung des Faktors Arbeit somit eine gewisse Arbeitslosigkeit. In einem zweiten Schritt belastet nun aber diese Erwerbslosigkeit das soziale Netz zusätzlich, da die neuen Arbeitslosen ja durch das System unterstützt werden müssen. Egal, wer all dies auf den ersten Blick zu bezahlen scheint, die Zusatzkosten wirken wie eine Steuer auf den Faktor Arbeit. Dies vergrössert wiederum die Kluft zwischen der steuerlichen Belastung der Arbeit und dem Naturalwert der Sozialleistungen. Die Nachfrage nach Arbeit geht damit tendenziell weiter zurück, die Arbeitslosigkeit wird nochmals erhöht, was wieder die Kosten zur Aufrechterhaltung des „sozialen Schutzes" in die Höhe treibt, die Arbeitslosigkeit anheizt usw. So dreht sich die Spirale weiter - theoretisch ohne Ende und mit zunehmender Geschwindigkeit. Konvergiert der Prozess irgendwann, stabilisiert sich die chronische Arbeitslosenquote auf irgendeiner hohen Prozentzahl. Wenn der Prozess nicht konvergiert, also chaotisch verläuft, kann niemand voraussagen, was passieren wird. In beiden Fällen sind die Aussichten düster.

VERFAHRENES EUROPA

Was die hier präsentierte Hypothese vorhersagt, ist bis zu einem gewissen Grade schon Realität geworden. Vergleicht man Länderdaten, so fällt auf, dass Länder mit hohen saisonbereinigten Arbeitslosenquoten (oder entsprechenden Wachstumsraten) immer auch einen grossen Anteil des Volkseinkommens für den sozialen Schutz aufwenden. Alles in allem zeigt das europäische „Modell" bereits eine doppelt so hohe Arbeitslosenquote wie das amerikanische und gar x-mal höhere Werte, als sie in ostasiatischen Staaten zu beobachten sind. Das Europa der Maastricht-Verträge wirkt gar noch etwas verfahrener als die europäische Umgebung, und innerhalb der EU gilt offenbar die Gesetzmässigkeit: Je „sozialer" das Land, desto mehr leidet es unter der Bürde. Demokratien - so doziert man gelegentlich - können keinen „Sozialabbau" betreiben. Wenn das so ist, wären Demokratien tatsächlich dazu verdammt, die jungen Leute und die Langzeitarbeitslosen mit ihrer netten Fürsorglichkeit zu ersticken.

Eingebaute Arbeitslosigkeit

Der soziale Versicherungsschutz kostet mehr, als er den einzelnen Versicherten in der Summe wert ist.

Vor nicht allzu langer Zeit, noch vor einer Generation, galt Arbeitslosigkeit als eine zyklische Erscheinung. Die Schwankungen folgten demnach vielleicht keinem so klaren Muster wie der Wandel der Temperatur in den vier Jahreszeiten, doch auch am Arbeitsmarkt folgte Regen auf Sonnenschein und Sonnenschein auf Regen. Während wir gegen das Wetter allerdings wenig auszurichten vermögen, hat die Menschheit Mittel und Wege gefunden, die uns die Kontrolle über die Arbeitslosigkeit versprachen. Man hat uns gelehrt, dass die fürchterlichen dreissiger Jahre nie mehr wiederzukehren brauchten. Es hiess, wir könnten grosse Schwankungen der wirtschaftlichen Aktivität weitestgehend mit Methoden der antizyklischen Nachfragesteuerung glätten, die nicht viel mehr voraussetzten als den gesunden Menschenverstand. Fiskalpolitik und Geldpolitik, mit ein wenig Manipulation der Wechselkurse versetzt, seien kraftvoll genug, um grössere Schwankungen zu verhindern. Und die Belastungen, die sich für die Menschen aus den kleineren, unvermeidlichen Schwankungen ergäben, könnten mit Hilfe der Sozialversicherung aufgefangen werden - eine kleine Last, welche die Gesellschaft leicht zu tragen in der Lage und willens sei.

Doch diese Zeit der Zuversicht ist vorüber - und das offenbar unwiderruflich. Schon Mitte der siebziger Jahre hörte die antizyklische Glättungsmethode auf, so zu wirken, wie es die Keynesianischen Lehrbücher beschrieben hatten. Die Arbeitslosigkeit erreichte wieder ein bedeutsames Niveau, und ihre gesellschaftlichen Kosten wurden spürbar. In den neunziger Jahren dann begannen sowohl die wirtschaftlichen als auch die politischen Alarmglocken zu schrillen. Die sozialen Sicherungsnetze wurden in Windeseile ausgebreitet. Die Entlassung von Arbeitnehmern wurde noch über das bisherige Niveau hinaus erschwert, um die, die einen Arbeitsplatz hatten, auch in Lohn und Brot zu halten - doch es erwies sich, dass die Blockade des Ausgangs auch den Eingang verstopfte und die Arbeitslosenzahlen weiter nach oben trieb.

In Deutschland und in den anderen Kernländern des Euro-Raums steht jeweils zehn oder elf Erwerbstätigen ein Arbeitsloser gegenüber. Auch wenn manche Arbeitslose verdächtigt werden, sich nicht besonders ernsthaft um eine neue Stelle zu bemühen, so besteht doch wenig Zweifel daran, dass die Mehrheit der Arbeitslosen unfreiwillig untätig ist. Für jemanden, der die Zustände hierzulande nicht kennt, muss diese Situation völlig unverständlich erscheinen. Und für uns ist es immerhin ein Anlass, sich zu schämen. Es ist uns gelungen, einen Mechanismus der wirtschaftlichen Anpassung zu ruinieren, indem wir versuchten, ihn zu reparieren. Die Arbeitslosigkeit ist endemisch geworden, stabil. Das Schlimme daran ist, dass kein realistischer Beobachter mehr erwartet, dass sich daran in absehbarer Zukunft etwas ändern könnte. Irgend etwas muss ganz furchtbar schiefgegangen sein.

Wechseln wir für einen Augenblick die Perspektive. Zwischen dem 15. und dem 17. Jahrhundert, als die industrielle Lohnarbeit in Grossbritannien noch längst nicht voll entwickelt war und sich die Geldwirtschaft erst allmählich einen Weg bahnte, war die Bezahlung der Löhne in Naturalien so verbreitet wie verhasst. Sei es in der Handweberei, in der Strickerei, bei der Herstellung von Nägeln oder anderen Baumaterialien - zwar gab es in diesen Wirtschaftszweigen dem Namen nach eine in Schilling und Pence fixierte Entlohnung, doch viele Meister bezahlten ihre Angestellten in Naturalien. Dabei handelte es sich in der Regel entweder um Waren, die sie billig besorgen konnten, zumeist Schund, oder

Politik

um die eigenen Produkte. Zwei Kümmernisse ergaben sich für die Arbeiter aus diesem Tauschhandel: Er gab ihrem Vorgesetzten die Möglichkeit, den Warenkorb, den sie anstelle von Geld bekamen, zu einem höheren Wert anzusetzen, als er selbst zuvor dafür bezahlt hatte. So erzielte er einen Gewinn daraus, dass er eine Bezahlung in Naturalien erzwang. Doch selbst falls der Meister dafür sorgte, dass Naturalwert und Geldwert übereinstimmten, war das Güterbündel für den damit entlohnten Arbeiter weniger wert als Geld. Denn er verlor die Freiheit, genau das zu kaufen, was ihm vorschwebte, und das in jenen Mengen, die ihm am meisten zusagten. Wenn er die zur Entlohnung erhaltenen Waren auf dem Markt zu Geld machte, schwand deren Wert nicht nur um seinen damit verbundenen Aufwand, sondern wurde abhängig von der möglicherweise geringen Zahlungsbereitschaft potentieller Kunden. Die Vorzüge einer Geldwirtschaft wurden ihm somit vorenthalten, wie auch der Wert der Konsumentenfreiheit.

RÜCKKEHR ZUR NATURALENTLOHNUNG

Das britische Parlament bemühte sich, diese Praxis illegal zu machen, und verabschiedete die Tauschhandelsgesetze („Truck Acts") von 1604, 1621, 1703 und 1831. Doch mehr als die Gesetzgebung trugen die gewöhnlichen Marktkräfte dazu bei, den Naturaltausch zu ersetzen. Die besten Arbeitskräfte liessen sich nur noch mit Barlöhnen gewinnen. Dennoch sah eine „Royal Commission", die sich mit dem Naturaltausch befasste, auch 1871 noch Anlass, den „glatten Zwang" zu verurteilen, der mit diesem Entzug von Konsumentenfreiheit einherging.

Ein gewisser Zwang dieser Art hielt sich in den Vereinigten Staaten sogar bis in die dreissiger Jahre, vor allem im Bergbau, wo manche Löhne in einer Art Unternehmenswährung ausgezahlt wurden, die der Bergmann nur im unternehmenseigenen Laden ausgeben konnte. Auf breiter Front jedoch schwand der Naturallohn als Ersatz für den Geldlohn vor dem Zweiten Weltkrieg - um in unseren Zeiten wiederaufzuerstehen, nur in tausendfach vergrössertem Umfang. Und da liegt die Wurzel allen Übels.

Ein deutscher Arbeiter, der brutto 3500 Euro im Monat verdient, bekommt, nehmen wir einmal an, etwa 2100 Euro ausbezahlt. Von reinen Steuern sei einmal abstrahiert, und so fliessen die verbleibenden 1400 Euro - entweder vom Arbeitnehmer direkt oder indirekt in seinem Namen vom Arbeitgeber überwiesen - ausnahmslos in die diversen Systeme der Sozialversicherung, die jedermann gegen Krankheit, Unfall, Arbeitslosigkeit und für das Alter absichern sollen. Dabei speist sich der sogenannte Arbeitgeberbeitrag letztlich auch aus dem Wert, den der Arbeitnehmer mit seiner Arbeit erwirtschaftet hat. Auch wenn die Unterscheidung zwischen Arbeitnehmerbeitrag und Arbeitgeber nur eine formelle Spitzfindigkeit ist, so hat sie doch psychologisches Gewicht. Sie legt stillschweigend die Interpretation nahe, dass der Arbeitgeber seinem Angestellten eine Art Bonus zusätzlich zum Lohn bezahlt. Dem ist natürlich nicht so. Alle Sozialversicherungsbeiträge speisen sich aus Geld, das der Angestellte erarbeitet hat, aber nicht mit nach Hause nehmen und nach eigenem Gutdünken ausgeben darf. Anstelle von Geld bekommt er diverse Versicherungen gegen die meisten Risiken des Lebens, die sich einstellen mögen oder nicht - zum Beispiel das „Risiko", dass der Arbeitnehmer nicht stirbt, bevor das Alter, die Müdigkeit oder die Regeln in seiner Branche ihn davon abhalten, weiterzuarbeiten.

Wie man dieses System auch sonst noch nennen mag, es ist und bleibt ein System der Naturalentlohnung - und es wird angewendet in einem gigantischen Ausmass. Es mag ein Schmuckstück an universellem, weisem und fürsorglichem sozialem Schutz sein. Und doch ist es ein Fall von „glattem Zwang", um das prägnante Urteil ehrlicher englischer Liberaler aus dem neunzehnten Jahrhundert zu zitieren. Denn der Arbeitnehmer wird dazu gezwungen, einen

Teil seiner Einkünfte nicht in Form von Geld, sondern in Naturalien (in diesem Fall Sozialversicherungsansprüchen) in Empfang zu nehmen - es sei denn, er ist bereit, in die Schattenwirtschaft abzutauchen, wo er all seinen Lohn bar erhält. Zwang wird sowohl auf ihn selbst als auch auf seinen Arbeitgeber ausgeübt. Denn auch der Arbeitgeber zahlt einen Teil des Gehalts nicht etwa deswegen in Naturalleistungen aus, weil es sich für ihn lohnt, sondern weil das Gesetz ihm dies vorschreibt. Die Sozialversicherungsgesetze sind, wenn man so will, ein auf den Kopf gestellter „Truck Act".

Wenn schon das ganze System auf einem allumfassenden gigantischen Niveau läuft, dann wäre es verwunderlich, wenn seine Wirkungen nicht von ähnlicher Grössenordnung wären. Um so mehr ist es eine merkwürdige Tatsache, dass Wirtschaftswissenschaftler und Soziologen der Frage nur wenig Aufmerksamkeit schenken, welche Auswirkungen diese massive Verschiebung von Geldlöhnen zu Naturallöhnen auf das „europäische Sozialmodell" gehabt hat. Es gibt eine lebendige Debatte über die Tugenden und Schwächen des Sozialstaats, über die ihm innewohnenden Fehlanreize, die Versagen belohnen und Erfolg bestrafen, über den auf Wohlhabende ausgeübten Zwang, den Schwachen zu helfen, und über die wirtschaftlichen Effekte der Umverteilung im allgemeinen.

Doch niemals kommt in dieser Debatte die Tatsache vor, dass es sich irgendwie auswirken muss, wenn gezwungenermassen zwei Fünftel aller Lohneinkommen von der Geldwirtschaft in die Naturalwirtschaft verschoben werden, wo ein Gut oder eine Dienstleistung gegen ein anderes Gut oder eine andere Dienstleistung getauscht wird und wo die Bandbreite der verfügbaren Güter oder Dienstleistungen auf ein oder zwei begrenzt wird. Was in der Geldwirtschaft verfügbares Einkommen ist, kommt in der Naturalwirtschaft als „soziale" Versicherung daher. Es lohnt sich möglicherweise, ein wenig darüber nachzudenken, was dies - nach den grundlegendsten Erkenntnissen der ökonomischen Theorie - für die Arbeitslosigkeit bedeutet. Nutzen wir dabei unsere Phantasie.

Eingebaute Arbeitslosigkeit

Zwei Nächte in Folge hat ein Ökonom einen Albtraum. In der ersten Nacht träumt er, dass ein besessener Diktator allen Arbeitgebern befohlen hat, eine Lohnsteuer von 40 Prozent an ihn abzuführen. All das derart erhobene Steuergeld soll dann als Lohnzusatz an die Arbeitnehmer verteilt werden. Daraufhin schreckt der Ökonom aus dem Schlaf, reibt sich die Augen und begreift schliesslich, dass - wenn er seinen Traum weiterträumte - die Arbeitgeber einfach zuerst nur 60 Prozent des ursprünglichen Lohns zahlen würden, so dass die Arbeiter mit Hilfe des staatlichen Zuschusses weiterhin 100 Prozent bekommen und sich niemand schlechter- oder besserstellen würde. Alles bliebe beim alten.

Doch in der nächsten Nacht nimmt der Albtraum eine andere Wendung. Der besessene Diktator sammelt weiterhin bei den Arbeitgebern eine Lohnsteuer von 40 Prozent ein, aber zahlt das Geld nicht den Lohnempfängern aus. Statt dessen gibt er ihnen Versicherungsschutz gegen Krankheit, Invalidität, Arbeitslosigkeit und für das Alter. Dieser Schutz kostet exakt 40 Prozent des Bruttolohns. Angeboten wird er von der eigenen Versicherungsgesellschaft des Diktators, die zwar nicht weniger ineffizient ist als die meisten privaten Versicherungsgesellschaften, aber die noch nicht einmal Gewinne erzielt. Als der Ökonom wiederum aus dem Schlaf hochschreckt, denkt er auch diesen zweiten Traum zu Ende. Die Arbeitgeber würden versuchen, die Löhne um 40 Prozent zu drücken, da schliesslich 60 Prozent Lohn und 40 Prozent Lohnsteuer zusammen 100 Prozent ergeben - das heisst genau jenes Lohnkostenniveau, zu dem es sich für sie lohnt, das Beschäftigungsniveau konstant zu halten. Doch die Arbeitnehmer würden sich damit kaum anfreunden können, denn es ist zweifelhaft, wieviel ihnen der aufgenötigte Versicherungsschutz wert wäre. Manche würden ihn wohl als nützlich werten und auch geneigt sein, 40 Prozent ihres Bruttolohns dafür hinzugeben. Die meisten jedoch würden sagen, dass sie - wenn sie über ihre ursprünglichen 100 Prozent Bruttolohn verfügten - entweder tatsächlich den kompletten Versicherungsschutz für 40 Prozent erwerben würden oder auch nur einen Teil davon für 25 Prozent, aber vielleicht nicht gerade von der Versicherungsgesellschaft des Diktators. Vielleicht würden sie aber auch gar keinen Versicherungsschutz erwerben, dafür aber eine Vielzahl anderer Dinge. Wenn der Diktator sie in den von ihm vorgeschriebenen Versicherungsschutz zwänge, dann würden sie aber noch lange nicht 40 Prozent ihres Bruttolohns dafür aufgeben wollen. Vielleicht empfänden sie nur einen Abzug von 30 Prozent als angemessen, mit einem Nettolohn von 70 Prozent. Dieser zweite Albtraum würde dann so enden, dass die Lohnkosten des Arbeitgebers je Arbeitnehmer von 100 Prozent auf 110 Prozent stiegen, wenn jeder Angestellte denselben Bruttolohn (Geldlohn zuzüglich Sozialversicherung) wie zuvor bekommen sollte, das heisst den Gegenwert von 100 Prozent. Der Ökonom müsste also schlussfolgern, dass sich die Lohnkosten in Wirklichkeit irgendwo zwischen 100 und 200 einpendeln würden und dass als Folge die Beschäftigung unter ihr vorheriges Niveau zurückgehen würde. Es entstünde Arbeitslosigkeit. Sie wäre im System angelegt („eingebaut") und würde daher so lange verharren, wie die Sozialversicherung universell und verpflichtend wäre.

Die Realität bestätigt diese These - auch wenn die Sozialversicherungssysteme der Gegenwart nicht so entstanden sind wie im Albtraum unseres Ökonomen. Die tiefere Ursache jedoch wäre in Traum und Wirklichkeit dieselbe: Die Bereitstellung einer universellen Sozialversicherung mit Versicherungspflicht kostet mehr, als sie den Begünstigten wert ist. Der Unterschied zwischen Kosten und Wert ist ein Nettoverlust, eine Ineffizienzlast, die der Gesellschaft aufgebürdet wird. Dabei geht es nicht nur um den Wohlfahrtsverlust, den selbst Ökonomen nicht objektiv messen können. Schliesslich ist es technisch kaum möglich, den subjektiven Wert zu erfassen und zu vergleichen, den Individuen in vier verschiedenen Szenarien aus dem jeweiligen Korb von Gütern und

Dienstleistungen ziehen, der ihnen zur Verfügung steht - wenn sie den Inhalt des Warenkorbs frei bestimmen können oder wenn er ihnen vorgegeben wird, wenn sie einen Arbeitsplatz haben oder von Arbeitslosengeld leben müssen. Darüber hinaus gibt es einen noch weniger greifbaren, aber nichtsdestoweniger realen Verlust. Einen Teil des Barlohns durch Sozialversicherungsschutz zu ersetzen hat auch eine ethische Dimension. Diese Dimension ist ebenso wichtig wie die rein wirtschaftliche. Um sie klar vor Augen zu führen, sei im folgenden wieder zu einer ebenso starken Vereinfachung gegriffen wie zuvor.

Bevormundung des Einzelnen

Das ethische Problem hat zwei wesentliche Komponenten. Erstens ist es schon kritikwürdig, die freie Verfügungsgewalt des Individuums über sein Einkommen zu beschneiden. Nun muss man allerdings selbst als moderner Liberaler die soziale Pflichtversicherung nicht zwingend verurteilen. Der grosse Ökonom und Sozialphilosoph Friedrich August von Hayek zum Beispiel akzeptierte dies als ein geringeres Übel.

Die Rechtfertigung dafür liegt in der Drohung einer besonders schädlichen Form dessen, was Ökonomen als moralisches Risiko oder „Moral hazard" bezeichnen (danach tun die Menschen genau das, was man von ihnen befürchten muss). Moralisches Risiko ist in jeder Versicherung zugegen. Denn wer für einen allfälligen Verlust (zum Beispiel des Arbeitsplatzes) entschädigt wird, verwendet weniger Mühe darauf, den Verlust zu vermeiden. Jenseits dieses mehr oder weniger „normalen" moralischen Risikos geht eine freiwillige Sozialversicherung mit einem anderen, unangenehmeren moralischen Risiko einher. Wer nicht gezwungen ist, sich selbst zu versichern, kann recht kalt und zynisch unversichert bleiben, wohl wissend, dass dereinst, wenn es einmal ganz schlimm kommt, der Staat ihn nicht im Elend versinken lassen, sondern ihm auf Kosten des Steuerzahlers zu Hilfe eilen wird.

Dies ist ein ziemlich wahrscheinliches Szenario. Daher bleiben nur zwei Möglichkeiten. Entweder finden wir uns damit ab, mit der uns lähmenden Maschinerie des universellen Versicherungsschutzes zu leben und die schweren wirtschaftlichen Folgen auch weiterhin zu tragen. Oder wir entscheiden uns, verantwortungslosen und zynischen Menschen als Staat nicht länger zu Hilfe zu eilen, wenn sie, unversichert, in Schwierigkeiten geraten, sondern, um einen Anreiz zu eigenverantwortlichem Handeln zu setzen, sie leiden und um private Wohltätigkeit betteln zu lassen. Politisch ist diese Variante wahrscheinlich überaus schwer zu verwirklichen. Aber wenn das nur eine Zeitlang gelänge, dann würde vielleicht die eine oder andere Lektion gelernt, und das Problem nähme immer mehr ab.

Der zweite, schwer zu schluckende Brocken des ethischen Problems mit der Sozialversicherung hat mit der Frage zu tun, ob die Menschen selbst zu beurteilen imstande sind, was gut für sie ist. Wenn man den Menschen gestattete, ihr Geld frei auszugeben, wie sie selbst es für richtig halten, würde dann nicht der eine oder andere seine Wahl einen Monat, ein Jahr oder ein halbes Leben später bitter bereuen? In der Tat ist es recht wahrscheinlich, dass es viele Menschen in höherem Alter bereuen werden, wenn sie einen grossen Anteil ihres Einkommens für kleinen Luxus ausgegeben haben, statt sich mit einer umfassenden Krankenversicherung oder einer privaten Alterssicherung zu versorgen. Vertreter der herkömmlichen ökonomischen Theorie gehen durchaus zu Recht davon aus, dass jedermann entsprechend seiner sogenannten Zeitpräferenz zwischen Gegenwarts- und Zukunftskonsum abwägt und dass es niemandem zusteht, sich in diese Entscheidung einzumischen. Doch ist der junge Käufer eines in der Sonne glänzenden Motorrads oder eines Designerkleides tatsächlich derselbe Mensch wie der Patient oder Rentner von morgen? Und wenn sie im Laufe der Zeit irgendwie doch zu unterschiedlichen

Personen werden, was ist dann der moralische Status einer Entscheidung des Jungen, die nicht nur sein eigenes, sondern auch das Wohlbefinden seines künftige Alter ego beeinflusst?

Jede dieser Fragen umfasst Dutzende von noch subtileren Teilfragen. Die wissenschaftliche Literatur des modernen Utilitarismus quillt über davon, die eine ist raffinierter als die andere. Eine klare Übersicht über den Gesamtkomplex scheint immer schwerer zu erlangen. Doch eine gewisse Klarheit lässt sich erreichen, wenn man nicht länger versucht, die „Nutzenniveaus" zu ergründen, die sich aus freier oder unfreier Konsumwahl ergeben, sondern wenn man eine viel einfachere Frage stellt: Wer hat das Recht, für jemand anderen zu entscheiden?

Es ist eine verbreitete Übung, jemanden zu zwingen, etwas zu seinem eigenen Nutzen zu tun. Diese Tradition ist so alt wie die Menschheit. Väter und Mütter handeln gegenüber ihren Kindern in dieser Weise, und das schon so lange, wie es Väter, Mütter und Kinder gibt. Nichts scheint natürlicher, mehr in Einklang mit unserem Verständnis der richtigen Ordnung der Dinge.

Wenn wir gegenüber Erwachsenen so handeln, sprechen wir immer noch von Paternalismus, auch wenn wir keine Vaterschaft beanspruchen können. Das Wort jedoch verleiht unserem Tun einen Klang von wohlmeinender Weisheit, von besserem Wissen und „harter Liebe". Doch während wir möglicherweise tatsächlich die Macht haben, jene zu zwingen, deren Glück wir befördern möchten, haben wir durchaus keineswegs die naturgegebene Autorität dazu, wie sie Eltern traditionell über ihre Kinder haben. Den Paternalismus von Kindern auf Lohnempfänger zu übertragen und damit folglich auf die Hälfte der Bevölkerung ist schlicht grotesk. Dies mit der Rechtfertigung zu tun, dass wir vorausschauender handeln und besorgter sind um ihr Wohl als sie selbst, wäre impertinent. In Beziehungen zwischen zwei Individuen gibt es keinerlei ethische Entschuldigung für Paternalismus.

Wenn überhaupt schon eine ethische Begründung angeführt wird, kann diese nur politisch sein. Das Gesetz schreibt eine Sozialversicherungspflicht vor, und da dies nun einmal Gesetz ist, ist es auch ethisch korrekt. Aus Respekt vor demokratischen Entscheidungen schliessen sich viele Menschen dieser positivistischen Haltung an. Das könnte ein Fehler sein.

Neue Zürcher Zeitung, 10. August 2004, Nr. 184, S. 21

Brot und Spiele
Keine Rechtfertigung für dauerhaft hohe Arbeitslosigkeit

Im alten Rom versorgte der Kaiser etwa ab dem dritten Jahrhundert rund 200 000 Menschen, also 20% bis 25% der Bevölkerung, mit Brot und Speiseöl. Die gratis verteilten Nahrungsmittel zog er auf die eine oder andere Weise bei den Herstellern ein. Dieser antike Wohlfahrtsstaat fing allerdings bald an zu kriseln. Die Probleme mündeten in einen langsamen und schmutzigen Todeskampf des römischen Imperiums. Im Nachhinein fragt man sich eigentlich nur, warum der Niedergang so lange dauerte. So wichtig wie das Brot und das Öl waren für die Zufriedenheit der Bevölkerung die Gladiatorenspiele, die der Kaiser ebenfalls umsonst anbot. Im heutigen Wohlfahrtsstaat könnten professionelle Fussballspieler und andere Sportler als moderne Gladiatoren angesehen werden. Die Fernsehanstalten wären in dieser Betrachtungsweise die Zirkusbetreiber, die mit Hilfe von Werbegeldern die Spiele anbieten. Wie im alten Rom sind es auch in der modernen Gesellschaft die Produzenten, die Brot und Spiele zur Verfügung stellen. Sie tun es sowohl für sich selber wie für alle anderen, die sich nicht aktiv am Produktionsprozess beteiligen. Damals wie heute gibt es zahlreiche Gründe, selber nicht wirtschaftlich aktiv zu sein bzw. weniger zu produzieren, als mit vernünftigem Aufwand möglich wäre. Faulheit ist dafür wohl nicht die Hauptursache; die Gründe sind viel komplexer. Einige sind nicht zu entschuldigen, andere hingegen können durchaus akzeptiert werden.

ARBEITSLOSIGKEIT - WER IST SCHULD?

Hohe Arbeitslosigkeit - über der Quote von 3% bis 5%, die normale Stellenwechsel verursachen - kann man nicht rechtfertigen.

Sie ist vielleicht in konjunkturell schwierigen Zeiten zu entschuldigen, aber dauerhaft sicherlich nicht. Im Moment weist Südkorea mit 3,4% die geringste Arbeitslosenquote auf, in den Niederlanden beträgt sie 4,5%, in Grossbritannien 5%, in Japan 5,3% und in den USA etwas weniger als 6%. Am anderen Ende der Skala liegt Polen (aus speziellen, vermutlich transitorischen Gründen) mit fast 20%, Spanien weist notorisch zu hoch kalkulierte 11,3% aus, Frankreich steckt bei knapp 10% fest, Deutschland bei 8,7% und Italien bei 8,4%.

Ein Teil der Arbeitslosigkeit muss als freiwillig angesehen werden, weil einige Leute lieber von der Arbeitslosenunterstützung leben, als eine zu niedrige Arbeit oder eine zu schlecht bezahlte Stelle anzunehmen. So fehlen der französischen Bauindustrie rund 300 000 Arbeiter, während Deutschland gerade die Immigrationsgesetze gelockert hat, um Leute für Arbeitsstellen hereinzulassen, für die offenbar kein Deutscher zu haben ist. Das Mittel gegen freiwillige Arbeitslosigkeit ist bekannt: Die Bezugsdauer von Arbeitslosengeldern muss verkürzt und der Zusammenhang zwischen dem letzten Salär und der Höhe des Arbeitslosengeldes schrittweise beschnitten werden. Die Niederlande, Grossbritannien und Dänemark haben solche Massnahmen erfolgreich umgesetzt, Deutschland bereitet - wenn auch nur vorsichtig - ähnliche Schritte vor. Andernorts werden die Massnahmen immer noch als unsozial abgelehnt. Hier kann man zu Recht sagen, dass die freiwillige Arbeitslosigkeit nur dank dem politischen System Bestand hat.

Dasselbe trifft grösstenteils auf unfreiwillige Arbeitslosigkeit zu. Man muss nur an die vielen Arbeitsgesetze und Regulierungen zum „Schutz" der Rechte von Arbeitnehmern denken. Sie machen Entlassungen so schwierig, dass das Einstellen von Personal zu einem risikoreichen Vorhaben geworden ist, da man die angestellten Arbeiter vielleicht bis zu ihrer Pensionierung bezahlen muss, egal ob man Arbeit für sie hat oder nicht. Tatsächlich werden praktisch alle „sozialen" Massnahmen letztlich mit weniger

Arbeitsplätzen bezahlt - eine Wahrheit, die die Öffentlichkeit in Europa bis vor kurzem mit Vehemenz von sich gewiesen hat.

FREIE WAHL ZWISCHEN ARBEIT UND FREIZEIT

Der andere wichtige Grund dafür, keine Güter zu produzieren, ist die von den Individuen bevorzugte Balance zwischen Arbeit und Freizeit. Dieser Entscheid steht nicht in Widerspruch zu rationalem Verhalten, so dass sich ein Streit über die Anzahl Arbeitsstunden nicht lohnt, solange diese und das Gehalt frei aushandelbar sind. Es mag ein wenig altmodisch klingen, aber die Ökonomie lehrt uns, dass das Individuum versucht, den Grenznutzen des Einkommens gegen den marginalen Schaden der Arbeit abzuwägen. Ersterer fällt, je mehr jemand verdient, letzterer steigt, je mehr jemand arbeitet. Die bevorzugte Zeitaufteilung liegt da, wo sich die beiden treffen. Wie andere Theoreme ist dies ebenfalls eine Binsenwahrheit, die aber nicht nutzlos ist, da sie bei der Strukturierung der Argumentation hilft.

Der durchschnittliche Erwerbstätige in Amerika arbeitet etwa 1950 Stunden im Jahr. Dies entspricht 49 Wochen zu 40 Arbeitsstunden, drei Wochen bleiben für bezahlten Urlaub und andere Absenzen. Die durchschnittliche Jahresarbeitszeit in Grossbritannien ist etwa dieselbe. Im Gegensatz dazu umfasst das durchschnittliche Arbeitsjahr in Deutschland und Frankreich etwa 43 35-Stunden-Wochen. Es ist schwierig zu glauben, dass das Gleichgewicht von Einkommen und Arbeit zwischen Amerikanern und Engländern einerseits und Deutschen und Franzosen anderseits so unterschiedlich ist. Allerdings sagt die Statistik nichts über die Arbeitsintensität aus. Das Einkommen pro Kopf in Deutschland und Frankreich ist tatsächlich ein wenig höher als die geringe Anzahl Arbeitsstunden vermuten lässt.

Ausserdem ist die Arbeitszeit oftmals nicht frei aushandelbar. Seit vier Jahren hat Frankreich ein Gesetz, das die wöchentliche

Arbeitszeit auf maximal 35 Stunden fixiert - eine paternalistische Impertinenz, die erst noch als grossartiger „sozialer Fortschritt" verkauft wird. Ein Teil der französischen Mitte-Rechts-Regierung will zwar das Gesetz verwässern oder abschaffen, aber Präsident Chirac hat sein Veto dagegen eingelegt. In Deutschland gibt es keine gesetzlich fixierte Höchstarbeitszeit, aber die Gewerkschaften haben ihre Mitglieder so lange dazu bewogen, weniger Arbeitsstunden zu fordern, bis es als politisch korrekt angesehen wurde, diesen „sozialen Fortschritt" gegenüber den höheren Gehältern zu bevorzugen (beides zu verlangen, ist immer noch das Optimum).

Schliesslich ist es mit dem schrittweisen Verschwinden von schwerer körperlicher Arbeit und monotoner Fliessbandarbeit nicht mehr länger offensichtlich, dass Arbeit unbedingt als Schaden empfunden wird. Vielmehr gibt es Arbeitnehmer, die tatsächlich Freude an dem haben, was sie gegen Bezahlung machen. Viele geniessen vielleicht nicht die Arbeit an sich, so aber doch die Annehmlichkeiten und die Atmosphäre am Arbeitsplatz - die oft im Gegensatz zur Einsamkeit und Langweile an den Abenden oder Wochenenden stehen. (Der Fernsehapparat bietet hier nur einen mageren Ersatz für die Zirkusspiele der Antike). Wenn die Arbeitsgesetze, die institutionellen Arrangements und die Absichten der Gewerkschaften dies ermöglichten, würden sich vielleicht viele Angestellte für mehr Arbeitsstunden und ein höheres Einkommen entscheiden. Sie würden auch eher längere Arbeitszeiten wählen, als nur beim Verschwinden von Arbeitsplätzen zuzuschauen.

Das Blatt hat sich gewendet

Genau diese Wahl mussten kürzlich 2000 Angestellte von zwei Siemens-Fabriken im Nordwesten Deutschlands treffen. Die Firma konnte die Produktion von Mobiltelefonen nicht länger mit der 35-Stunden-Woche vereinigen. Sie schlug den Arbeitern vor, für den gleichen Lohn 40 Stunden zu arbeiten, sonst müsste man die ganze Produktion nach Ungarn verlegen, wo willige und gute Arbeiter zu einen Bruchteil der Kosten vorhanden sind. Die 2000 Deutschen sprachen sich klar für die 40-Stunden-Woche aus. Daimler-Benz und Bosch sind dem Beispiel von Siemens bereits gefolgt; über 100 ähnliche Bewegungen sind offenbar in Vorbereitung. Das politische Klima in Deutschland scheint sich zu ändern. Vor einigen Monaten schalt Bundeskanzler Schröder die Unternehmen noch für die Verlegung ihrer Betriebe nach Osteuropa. Anfang Juli - nach einer geradezu unglaublichen Kehrtwende - warnte der Vorsitzende der regierenden Sozialdemokraten die Gewerkschaften bereits vor zu viel Egoismus.

Das Bedeutsame dabei ist nicht, dass einige Arbeiter sich den Gewerkschaften widersetzen oder dass die Politiker das Risiko einer Nicht-Wiederwahl eingehen, weil sie ökonomischen Verstand zeigen. Vielmehr fällt auf, dass Führungskräfte - die sich lange Jahre ängstlich vor den Steuerbehörden und den Gewerkschaften duckten - wieder den Mut haben, zu erzählen, wie es wirklich ist. Das Blatt scheint sich gewendet zu haben.

Der Hang zum Sozial-Masochismus
Wie sich Deutschland und Frankreich selber quälen

Die vorgeschlagene europäische „Verfassung" könnte in ihrem Versprechen, allen Menschen das Paradies auf Erden zu bringen, kaum weiter gehen. Sie deklariert, dass Vollbeschäftigung, steigende Kaufkraft, Menschenrechte, Freiheit, Demokratie und soziale Gerechtigkeit herrschen sollten; zwischen den Zeilen verspricht sie sogar, dass „man ab morgen gratis rasiert". Es erstaunt, dass solche Freigebigkeit keine einstimmige Zustimmung erfährt. Je näher das Referendum in Frankreich rückt, das das junge Leben der „Verfassung" beenden könnte, bevor es begonnen hat, desto mehr wird ein Klischee in den Mittelpunkt der Diskussion gerückt: Das europäische Sozialmodell. Der Ausdruck verbirgt mit Mühe, dass sich dahinter der französisch-deutsche Sozialstaat versteckt. Der Anspruch, diesem Konzept müssten alle oder die meisten Europäer folgen, mutet absurd an. Nicht zum ersten Mal soll eine französische Forderung dadurch weniger provokant erscheinen, dass sie europäisch genannt wird.

AM ANFANG IST DIE UMVERTEILUNG

Das „Sozialmodell" hat zwei grundlegende Merkmale. Die erste Eigenschaft ist der Glaube, dass die Einkommensverteilung die Aufgabe der Regierung sei. Dabei wird betont, dass Umverteilung in Form von Sozialleistungen in Naturalien und nicht als einfache Geldtransfers vorgenommen werden soll. Der hauptsächliche Ehrgeiz des „Sozialstaates" liegt darin, ein immer dichter werdendes Netz an „Sozialversicherungen" gegen Krankheit, Arbeitslosigkeit und Alterssorgen zu spannen. Aus einer paternalistischen Gesinnung heraus wird angenommen, dass es für die Lohnempfänger nützlicher sei, denselben Betrag in Sachleistungen und nicht in Geld zu erhalten. Hier liegt wohl der grösste Fehler des „Modells".

Der Grossteil der Kosten der „Sozialversicherungen" wird durch Sozialabgaben gedeckt; ein kleiner Teil wird durch Staatsausgaben finanziert. Diese Abgaben stammen von den Arbeitgebern und -nehmern. Das ist aber nur eine buchhalterische Fiktion, weil beide Beiträge vom Bruttolohn kommen, den der Arbeitgeber bezahlt, den der Arbeitnehmer aber nicht mit nach Hause nehmen kann. Weil der Naturalwert der Sozialleistungen nicht dem Nutzen des einzelnen Arbeitnehmers entspricht, entsteht eine permanente Differenz zwischen der Belastung und der Begünstigung des Faktors Arbeit. Auch wenn ein Arbeitnehmer der Sozialversicherung einen Wert beimisst, könnte er eine solche selber erwerben, falls er denn den Bruttolohn in Geld ausbezahlt bekäme.

Das Ergebnis aus dieser Differenz ist ein Arbeitsmarkt im Ungleichgewicht. Egal wie sehr eine Regierung versucht, Arbeitsplätze zu schaffen, die Arbeitslosigkeit bleibt endemisch. In den 30 Jahren, in denen der „Sozialstaat" sich zur politischen „Notwendigkeit" gemausert hat, stieg die Arbeitslosigkeit von einem Durchschnitt von 4% auf 10% in Frankreich und auf über 12% in Deutschland. Beide Länder weisen eine Wachstumsschwäche auf, wobei zurzeit deutsche Politiker wenigstens Arbeitsmarktreformen vorantreiben, während die französische Regierung bei jedem „Buh!" einer Interessengruppe zusammenzuckt. Auch wenn es einem Land von den zweien in nächster Zeit ein bisschen weniger schlecht gehen wird, sind Deutschland und Frankreich in einem relativen wirtschaftlichen Niedergang. Sie sind die zwei kranken Männer Europas.

RÜCKZUG IN DIE FESTUNG EUROPA

Hiermit kommt das zweite Charakteristikum des „Sozialmodells" ins Spiel. Jede Gesellschaft, die ihren Niedergang spürt, macht sich selbst Mut. Gewisse arabische Gesellschaften schwören auf islamische Werte und verachten die westliche Zivilisation, nach deren Kriterien sie versagt haben. Ähnlich beginnen Deutschland und Frankreich von ihrem Wertesystem zu sprechen und zeigen eine heftige Antipathie gegenüber der liberalen, anglo-amerikanischen Zivilisation, von der sie überholt wurden. „Liberalismus" ist zu einem Reizwort geworden, in Frankreich beinahe eine Obszönität; der Antiamerikanismus ist in beiden Ländern weit verbreitet. Je mehr Deutschland und Frankreich aber spüren, dass der Liberalismus und das amerikanische Modell funktionieren, desto eher geben sie sich davon überzeugt, dass das „europäische Modell" überlegen sei.

Einzelne Gegner der neuen europäischen „Verfassung" lehnen diese ab, weil sie es unterlasse, ein „wirklich soziales" Europa zu verordnen. Sie würden es gerne sehen, wenn eine grosszügigere wohlfahrtsstaatliche Versorgung und strengere Arbeitsmarktgesetze in der ganzen Union eingeführt würden, um das französisch-deutsche Zentrum vor dem „Sozialdumping" der Peripherie zu schützen. Sie empfinden die „Verfassung" als unverbesserlich liberal, vermutlich weil darin die Begriffe „Marktwirtschaft" und freier Verkehr von Personen, Waren, Dienstleistungen und Kapital wiederholt vorkommen. Diese Gegner glauben, bei Annahme der „Verfassung" würde ein verheerender liberaler Tsunami den europäischen „Sozialstaat" überfluten und Platz für den anglo-amerikanischen Kapitalismus machen.

Befürworter der „Verfassung" behaupten dagegen, sie sei ein Bollwerk, das den liberalen Tsunami abhalte und das europäische „Sozialmodell" schütze. Sie werde verhindern, dass Europa auf den unehrenhaften Status einer reinen Freihandelszone absinke, in der multinationale Konzerne ungehindert soziale Errungenschaften niedertrampeln könnten. Hinter der konstitutionellen Festung könne sich Europa zu einer starken politischen Union wandeln, die unter französischer Führung dazu in der Lage sei, gegen Amerika „aufzustehen". Der letzte Punkt wird in Frankreich besonders betont; der Wählerschaft wird erzählt, eine Ja-Stimme stärke den französischen Einfluss und helfe, die EU-Flagge mit blau-weiss-roten Farben zu übermalen.

Im selbstgewählten Büsserhemd

Der unparteiische Beobachter reibt sich verwundert die Augen. Mittelalterliche Mönche und Nonnen, die ein Büsserhemd trugen, wussten wenigstens, was sie taten; sie leisteten eine Anzahlung für einen Platz im Himmel, der wohl die Qualen wert war. Das Büsserhemd des europäischen „Modells" aber geisselt die Gesellschaften, die naiv genug sind, darauf hereinzufallen, und bringt ausser falschem Stolz nichts ein. Es handelt sich um einen Fall von sozialem Masochismus, bei dem der Masochist nicht einmal ein perverses Vergnügen aus den sich zugefügten Qualen zieht.

Die Schmerzen spüren vor allem die untersten Schichten, deren Wohlergehen durch den „Sozialstaat" gefördert werden sollte. In stagnierenden Volkswirtschaften mit hoher Arbeitslosigkeit werden nicht nur die Arbeitslosen demoralisiert, sondern es wird auch die Verhandlungsmacht jener, die arbeiten und verzweifelt an ihren Jobs festhalten, unterminiert. In der Privatwirtschaft haben die Manager die Oberhand gewonnen und können längere Arbeitszeiten und Lohnnullrunden, die bei einer Arbeitslosenquote von 5% bis 6% undenkbar wären, durchsetzen. Nur im öffentlichen Sektor können die Arbeitnehmer noch Forderungen aufstellen und Streiks als Drohung benutzen. Die Regierungen beider Länder versuchen, die Arbeitnehmer mit Massnahmen byzantinischen Ausmasses zur „Arbeitsplatzsicherheit" zu besänftigen. Diese machen Entlassungen so schwierig, dass das Einstellen von Arbeitskräften zu einem risikoreichen Vorhaben wird. Logische Folge ist, dass die Nettoschaffung von Arbeitsplätzen völlig gestoppt wurde. Auf neue Arbeitsplätze zu verzichten, ist wie das Anlegen einer Extrafalte im Büsserhemd: Der Sozial-Masochismus wird dadurch intensiver. Versuche hingegen, die Falten im Büsserhemd zu glätten, werden als Kapitulation vor der „liberalen Herzlosigkeit" verstanden.

Eine sozialmasochistische Gesellschaft weigert sich einzugestehen, dass sie gequält wird, und sieht nicht ein, dass der Schmerz von ihr selbst verursacht wird. Eher als die eigene Dummheit zu erkennen, überzeugt sie sich selbst, dass sie einen frostigen Hauch auf dem nackten Torso spüren würde, wenn sie das Büsserhemd ablegte. Es bleibt zu hoffen, dass eines Tages die Debatten über die neue „Verfassung" aufhören werden und Deutschland und Frankreich daran erinnert werden können, dass das Büsserhemd nicht das einzige Hemd ist, das man tragen kann.

Neue Zürcher Zeitung, 7./8. April 2007, Nr. 81, S. 31

Die französische Tragikomödie
Warum die „Grande Nation" so wenig aus sich zu machen weiss

Die Spitze der Intellektuellen-Pyramide Frankreichs stellt in der geistigen Landschaft nicht gerade den Montblanc dar. Die Bedeutung dieser selbsternannten Elite stimmt jedenfalls nicht mit ihrer Selbsteinschätzung überein. Der „normale" Franzose - selbstverständlich auch die Französin – gehört dagegen sicherlich zu den Gescheitesten unter den Europäern. Er ist im individuellen Umgang schlagfertig, nüchtern in seinem Urteil, kann sich gut ausdrücken und ist fähig und bereit, sein kritisches Urteil zu gebrauchen. Trotzdem funktioniert die kollektive Intelligenz von Frankreichs Politik auf einem erschreckend tiefen Niveau.

INKOHÄRENTE POLITISCHE PROGRAMME

Einige Symptome dieser seltsamen Diskrepanz kommen in der laufenden Präsidentschaftswahl deutlich zum Ausdruck. Trotz ihren Unterschieden haben die führenden Kandidaten ein gemeinsames Thema, nämlich dass die Verschuldung des Landes von 65% des Bruttoinlandsprodukts (BIP) unhaltbar sei und verringert werden müsse. Obschon der Prozentsatz über der in Maastricht vereinbarten Obergrenze von 60% liegt, ist er keine Katastrophe. Das Problem ist vielmehr die drastische Zunahme des Anteils. Für Familien mit Kindern sollte dies Anlass zur Sorge sein.

Trotz ihren natürlichen Vorteilen scheint Frankreichs Wirtschaft vom Pfad des gemächlichen Wachstums nicht wegzukommen. Der letztjährige Zuwachs von 2% fällt im Vergleich mit dem europäischen Durchschnitt von 2,9% und dem OECD-Mittel von über 4% schwach aus. Es würde viel fiskalische Härte brauchen, um zu verhindern, dass die Verschuldungsquote weiter steigt. Doch während sich alle einig sind, dass der Trend gebrochen werden muss, schlägt jeder Kandidat neue Ausgaben vor, die das Defizit um weitere 1,5 bis 3 Prozentpunkte des BIP nach oben treiben würden. Die einen behaupten, durch den Abbau von Verschwendung dennoch einen Defizitabbau erreichen zu können, und die Spitzenkandidatin der Linken plant irgendwelche „europäischen Lösungen" für die Verteidigungsausgaben. Das scheint die Wählerschaft aber nicht zu stören. Laut Umfragen reagiert das Volk sowohl auf die Versprechen fiskalischer Aufrichtigkeit als auch auf die Fülle neuer Ausgabenvorschläge positiv.

Rezepte bar jeder Logik

Von den zwei Favoriten schwört die Kandidatin der Linken, sie werde die Steuern nicht über die gegenwärtige Quote von 44% heben. Steuererleichterungen für die Armen will sie mit einer Besteuerung des „Kapitals" (das sich an der Urne nicht direkt wehren kann) kompensieren. Der Kandidat der Rechten will sogar die Steuerquote über einen Zeitraum von zwei Amtsperioden (10 Jahre) von 44% auf 40% reduzieren. Beide behaupten, dass sich ihre Programme durch ein höheres Wirtschaftswachstum bezahlen. Die Rechte erwartet, dass dies dadurch passiert, dass jedermann härter arbeitet – was tatsächlich sein könnte, wenn die Wirtschaft vorher reformiert würde und die Soziallasten, die sie niederdrücken, zumindest teilweise entfernt würden. So etwas vorzuschlagen wäre jedoch wahlkampftechnischer Selbstmord. Stattdessen lautet die Devise: Neue Ausgaben. Die Linke erklärt, indem sie den Jungen Jobs garantiere, der Minimallohn auf 1500 Euro bliebe und die niedrigsten Renten erhöhe, werde der Konsum stimuliert, was das Wachstum fördere. Wissen wir nicht alle, dass Wachstum am besten dadurch gefördert wird, dass man der Wirtschaft immer mehr Kosten aufbürdet?

Zurück zum Naturallohn

Solche Absurditäten sind natürlich nicht nur spezifisch französischer Natur. Sie sind Teil jedes politischen Systems, das nach dem Prinzip „Ein Mann, eine Stimme" funktioniert und in dem die Mehrheit fast alles bestimmen kann. Wir nennen dieses System Demokratie und halten es für eine gute Sache. Seine Fähigkeit, Schaden anzurichten, wird durch ein Gleichgewicht verschiedener rivalisierender Gruppen eingedämmt, von Kapital und Arbeit, von reichen Wahlkampfspendern und armen Nutzniessern des Sozialsystems, die sich gegenseitig die Waage halten. In Frankreich ist die Realität allerdings tragischer und zugleich komischer als in einer gewöhnlichen Demokratie.

Während 14 Jahren unter François Mitterrand und zwölf unter Jacques Chirac waren sämtliche Regierungen linkslastig. Sie bauten, komplettierten und verschönerten das stolze Sozialmodell Frankreichs, um das es andere Länder angeblich beneiden. Es ruht im Wesentlichen auf zwei Säulen. Eine ist ein fast lächerlich ausgefeiltes Arbeitsrecht, ein Konvolut von mehr als 2600 Seiten, das beinahe auf ein „Recht auf Arbeit" hinausläuft. Indem es Entlassungen praktisch verunmöglicht, hat es dazu geführt, dass sich die Unternehmen scheuen, Leute einzustellen.

Die andere, wohl noch problematischere Säule ist eine umfassende Versicherung gegen Krankheit, Alter und Arbeitslosigkeit. Sie wird so finanziert, dass man den Arbeitern nur ungefähr 55% ihres Lohnes auszahlt und (kraft des Gesetzes und mit Komplizenschaft der Gewerkschaften) die restlichen 45% zurückbehält. Das nennt sich dann „Arbeitgeber- und Arbeitnehmerbeitrag" zur Sozialversicherung. Das Ganze stellt eine Rückkehr zum alten und diskreditierten paternalistischen System des Naturallohns dar, nicht mit der Absicht, jemanden zu betrügen, sondern um „soziale" Werte aufzuoktroyieren. Dafür zwingt man die Angestellten, eine Versicherung statt Bargeld zu akzeptieren. Die Folge davon ist, dass die Arbeit, die ein Arbeiter für 80 oder 90 verrichtet, den Arbeitgeber 100 kostet - mit naheliegenden Auswirkungen auf die Arbeitsnachfrage. Die Arbeitslosigkeit in Frankreich lag 2006 immer noch nahe bei 10%. Das ist die tragische Seite der französischen Tragikomödie.

Ausuferndes Sozialsystem

Die lustig-absurde Seite kann man darin sehen, wie weit die Rechte der Arbeitslosen ausgebaut wurden. Beispielsweise sind echte oder selbsternannte Schauspieler und anderes Showbusiness-Personal berechtigt, Arbeitslosengeld zu beziehen, wenn sie nachweisen können, dass sie einige Tage im Jahr einer bezahlten Arbeit nachgehen - ein Nachweis, der sich für etwas Liebe oder Geld einfach beschaffen lässt. Es dürfte niemanden überraschen, dass in den 13 Jahren, in denen es die Regelung gibt, die Zahl jener, die davon profitieren, von 41 000 auf 104 000 zunahm und dass die Kosten auf das Fünffache stiegen. Arbeitslosenentschädigung setzt voraus, dass jemand vorher eine Arbeit hatte und diese verloren hat. Nun musste man sich jedoch auch um jene kümmern, die gar nie einen Job hatten, und so wurde das „soziale Modell" entsprechend ausgeweitet: Arbeitslose über 25 erhielten Anrecht auf ein „Einstiegsgeld". Zunächst waren es nur 400 000, doch inzwischen (2006) hat die Zahl solcher Berechtigter bereits 1,1 Mio. erreicht, mit Kosten in der Höhe von 5,9 Mrd. Euro. Das ist zwar keine enorme Summe, aber ein gutes Beispiel dafür, wie eine gute Idee etwas zu gut ankommen kann.

Andere Länder, deren „Sozialmodelle" ebenfalls vor allem über obligatorische Gehaltsabzüge finanziert werden, etwa Schweden und Deutschland, haben realisiert, wohin all dies führt, und haben politisch schwierige Reformen durchgeboxt - mit gutem Erfolg. In Frankreich wurde dies nicht gehen, teilweise, weil Chirac das „soziale Modell" für sakrosankt und den angelsächsischen Liberalismus für ebenso schlecht wie den Kommunismus hält, teilweise, weil er Angst davor hatte, sich mit den Gewerkschaften anzulegen. Ein tieferer Grund ist jedoch das völlig unterentwickelte Verständnis der französischen Öffentlichkeit für wirtschaftliche Zusammenhänge.

Wundersame Geldvermehrung

Frankreich scheint vom Glauben beseelt, der Staat könne Paul bezahlen, ohne Peter Geld wegnehmen zu müssen: Er gebe es einfach Paul - und Peter werde deswegen nicht schlechtergestellt. Man glaubt, das Geld befinde sich in einer Art Reservoir und der Staat könne es „deblockieren", wie die Franzosen sagen. Wenn man einer Gruppe einen Gefallen erweist, sich gegenüber den Bedürftigen grosszügig zeigt oder 35 000 junge Leute anstellt, damit sie Schulkinder beaufsichtigen und diese von gewalttätigen Unruhen abhalten, gewinnen nach dieser Logik einige - und niemand verliert. Das nötige Geld wurde ja einfach „deblockiert" - und dafür sind öffentliche Gelder doch da. Es ist in dieser Sichtweise immer genug Geld im Reservoir, das nur darauf wartet, freigemacht zu werden.

Diese erstaunliche Unfähigkeit, die Realität öffentlicher Finanzen, ja die Realität insgesamt zu verstehen, erklärt, warum in Frankreich der Versuch einer Interessengruppe, sich besondere Rechte oder Vorteile zu sichern, kaum einmal von anderen Interessengruppen konterkariert wird, die die Kosten einer solchen Politik zu tragen haben. Laut Umfragen werden endlose Eisenbahnerstreiks von einer Mehrheit der Pendler akzeptiert, obwohl sie unter den Unannehmlichkeiten leiden. Wenn die Kioskbesitzer Entschädigungen für rückläufige Zigarettenverkäufe verlangen und diese auch bekommen, denkt jeder, das sei doch das mindeste, was der Staat tun könne. Und wenn dank Importen Lebensmittel günstiger werden, wird es als durchaus richtig angesehen, dass der Staat diese zugunsten der einheimischen Bauern wieder verteuert. So wird aus Frankreich, das so reich sein könnte, ein armes Land, das „versucht, mit einem Zweitklassticket erste Klasse zu fahren" - und sich wundert, dass dies nicht funktioniert.

Kapitel 2

Sozialismus

Neue Zürcher Zeitung, 21./22. Dezember 1991, Nr. 297, S. 27

Wozu noch Marx? Bentham und Mill genügen

Schleichende Ausbreitung des Sozialismus in neuen Formen

Hätte der historische Marxismus ein Herz besessen, dann wäre dessen Schrittmacher das „Eigentum an den Produktionsmitteln" gewesen. Kollektiver Besitz der „Produktionsmittel" - in der Praxis der Eigentumsanspruch des Staates - galt als moralisch überlegen, da er Ausbeutung und Ungerechtigkeit auszuräumen versprach. Überdies hielt man ihn für effizienter als den Kapitalismus, weil er eine rationell geplante Zuteilung der Ressourcen zur Befriedigung „echter Bedürfnisse" forderte, statt das Gewinnstreben anzuheizen. Marxismus-Anhänger liessen sich nicht beirren, wenn man ihnen entgegenhielt, dass kollektiver Besitz per definitionem nichts anderes als ein Monopol sei und die Ausbeutung erst recht begünstige. Kein Gehör fand auch der Einwand, das Profitdenken sei zwar kein optimaler, aber doch der beste verfügbare Gradmesser von „Bedürfnissen", denn bei allen anderen Methoden müsse irgendwer die Bedürfnisse definieren und entscheiden, wieweit und nach welchen Prioritäten sie zu befriedigen seien.

Stalinismus und Eurokommunismus

Erst unter den K.O.-Schlägen der Erfahrung verlor der kollektive Besitz jede Rechtfertigung und stoppte den Herzschlag des Marxismus. Wollte der Sozialismus politisch überleben, musste er nun seine Anhängerschaft vergessen machen, dass er im Grunde den Kommunismus anpeile, und sich vor der öffentlichen Meinung von allem distanzieren, was am Marxismus als überlebt und anstössig empfunden wurde.

Eines dieser Lossagungsmanöver war die Kampagne, welche die Systeme des „real existierenden" Sozialismus in der Sowjetunion und ihren Satelliten als „stalinistisch" brandmarkte. Dadurch konnten die Sozialisten die Schuld am zerstörerischen und entwürdigenden Gebaren des Systems den Perversionen eines verruchten Diktators und seiner Komplizen zuschieben und behaupten, dies habe mit dem Wesen des Sozialismus nichts zu tun: In den Händen wohlwollender Leute wäre alles nicht so ruinös und grausam, sondern „sozialistisch" herausgekommen. Mit dem Vorschieben des Stalinismus haben sich die sozialistischen Theorien gegen alle Einwände immunisiert, da sämtliche unliebsamen Fakten des Sozialismus Stalin oder dem „Personenkult" angelastet werden konnten. Der Sozialismus hingegen verblieb als keusche Zukunftshoffnung, von der kaum Enttäuschungen zu befürchten waren, weil sie noch nie eine Probe aufs Exempel zu bestehen hatte. Ähnliche Alibis schob der „Eurokommunismus" eines Togliatti, Carillo oder Dubček vor. Sie wälzten die Schuld am Debakel auf historische und geographische Umstände ab: Durch schieres Pech sei der Sozialismus unter russischer Führung in die Wege geleitet worden, was ihm einen asiatischen, despotischen und rückständigen Stempel aufgedrückt habe. In zivilisierten Gesellschaften hätte er sich hingegen demokratisch und „menschlich" entwickelt. Wer wollte je das Gegenteil beweisen?

MARKTSOZIALISMUS ...

Eine deutlichere Abkehr vom fundamentalistischen Marxismus wurde unter dem magischen Siegel „Markt" vollzogen. Heute wird behauptet, Sozialismus und Markt passten ebenso gut, wenn nicht sogar besser zueinander als Kapitalismus und Markt. Zwei Wege der Paarung wurden vorgeschlagen, wovon einer „Marktsozialismus" genannt wurde. Er postulierte zwar den kollektiven Besitz der „Produktionsmittel", auferlegte dabei aber den staatlichen Unternehmen die Pflicht, sich wie private Firmen zu verhalten. Dadurch sollten für Produktion, Preise und Investitionen dieselben Ergebnisse nachvollzogen werden, wie sie in einem Wettbewerb zwischen unabhängigen Käufern und Verkäufern zustande kämen. Man erhoffte sich davon alle Vorteile des Kapitalismus, ohne dessen „antisoziales" Wesen und dessen „Krisen" in Kauf nehmen zu müssen.

Bisher hat noch niemand versucht, den Marktsozialismus in der Praxis zu erproben. Als vage Annäherung daran kann das jugoslawische Modell der Selbstverwaltungsbetriebe gelten, dessen Erfolglosigkeit mit der rechtlichen Struktur der Betriebe entschuldigt wurde. Ebenfalls in der Nähe des Marktsozialismus lagen die „marktorientierten" Reformen, wie sie in den siebziger und achtziger Jahren in Ungarn und in Polen eingeführt wurden und wie sie Gorbatschow verheissen, aber nie realisiert hat. Die Ergebnisse dieser schüchternen Reformen waren, wie wir heute wissen, alles andere als überzeugend.

... UND SOZIALE MARKTWIRTSCHAFT

Die zweite Art, den Sozialismus und den Markt zu vermählen, lässt eine kühnere Strategie durchscheinen. Sie stiehlt dem Kapitalismus gewissermassen die Kleider, indem sie dem Profitstreben unter privatem Besitz freien Lauf lässt, gleichzeitig aber den Gewinn zur Erreichung edlerer Ziele - wie Solidarität, soziale Gerechtigkeit und Gleichheit - einsetzen will. Dieses „soziale Marktwirtschaft" genannte System überlässt Produktions- und Investitionsentscheide der Privatwirtschaft und beauftragt den Staat lediglich mit der Überwachung des Wettbewerbs und der Marktordnung. Zunächst wird dadurch garantiert, dass im freien Markt das Sozialprodukt auf effiziente Weise erwirtschaftet wird. Ist es einmal produziert, soll dann aber anschliessend eine demokratische Politik für dessen Verteilung sorgen und dabei den sogenannt sozialen Geboten Rechnung tragen. Die soziale Marktwirtschaft verspricht mithin praktisch alles, was orthodoxe Sozialisten so augenfällig einzuhalten versagten. Genau dieses Versprechen ist die Grundlage sozialdemokratischer Politik in aller Welt. Die Glaubwürdigkeit des Systems beruhte auf der in den Nachkriegsjahren erbrachten Leistung in den skandinavischen Ländern, in Österreich und - nach Ludwig Erhards „Wirtschaftswunder" - in Deutschland.

Ökonomie nur für die Produktion?

Der Attraktivität der sozialen Marktwirtschaft als Denkmodell zu widerstehen fällt schwer, und jeder Politiker, der dagegen anrennt, riskiert eine Wahlschlappe. Genauso wie waschechter Sozialismus gegen rationale Kritik stets immun war, da er etwas versprach, das viele Menschen sehnlich wünschten, ist es fast sicher, dass keine Art von analytischer Kritik den Glauben zu erschüttern vermag, dessen Keim John Stuart Mill einst gepflanzt hatte. Seine Idee postuliert nämlich, dass das Sozialprodukt nach den Regeln des einen Systems produziert und nach den Grundsätzen eines anderen Regimes verteilt werden könne.

Lassen wir also Marx beiseite und wenden wir uns Jeremy Bentham und John Stuart Mill zu, die uns weitgehend in die gleiche Richtung weisen: Bentham lehrt, dass man die Wohlfahrt der Gesellschaft insgesamt heben kann und auch soll, indem man die Nutzenzunahme, die aus einer Umverteilungsmassnahme für eine Gruppe von Menschen resultiert, gegen die Nutzeneinbusse aufrechnet, die eine andere Gruppe dadurch zu tragen hat. Dies ist das Prinzip, auf dem sozialpolitische Feinmechanik und Wohlfahrtsstaat beruhen. Mill dagegen vertritt die These, dass die Produktion ökonomischen Gesetzmässigkeiten unterliege, die Verteilung jedoch von der Gesellschaft nach eigenem Ermessen und auf Grund moralischer Vorstellungen vorzunehmen sei.

(Päpstliche Enzykliken von „Rerum Novarum" bis „Centesimus Annus" tragen ähnliche Züge). Ein solches Credo ist von hypnotischer Kraft, überzieht es doch die Vorstellung, dass man den Pelz waschen könne, ohne das Fell nass zu machen, mit einem quasiwissenschaftlichen Glanz. Wer wäre nicht auch für eine Kombination von Wirtschaftswachstum mit Klassenfrieden, von Konsumentensouveränität mit sozialer Sicherheit, von Effizienz mit Gleichberechtigung oder gar für die Paarung eines gemässigten „Mittelwegs" mit kühnen Reformen?

Die Sozialisten unserer Tage verwerfen die existierende Ordnung, „das System" also nicht mehr. Und kaum jemand kann eine Wählermehrheit davon abhalten, eine mehr oder weniger „soziale" Version der „Sozialen Marktwirtschaft" gutzuheissen. Sogar die Mitte-Rechts-Regierungen Helmut Kohls und John Majors sowie eine derart unverhüllt rechts-nationalistische wie die des ungarischen Demokratischen Forums bekennen sich zu einem solchen System, wenn es auch nur um der Wiederwahl willen geschehen mag. Allerdings sind zwei der konservativsten gegenwärtigen Finanzminister Europas - Carlos Solchaga und Pierre Bérégovoy - Sozialisten, von denen der eine Staatsunternehmen privatisiert und der andere dies gerne tun möchte. Ihre Politiken sind beide so seriös, wie es die Alltagsverhältnisse in der Politik zulassen.

Schwindende Reserven

Was aber ist denn am Marktsozialismus auszusetzen, wenn er im grossen und ganzen funktioniert und die Wählerschaft einigermassen bei der Stange hält? Es sollte doch gewiss gleichgültig sein, dass er den Sozialisten gestattet, sich vom Marxismus reinzuwaschen, auf Bentham zurückzugreifen und politisch zu überleben. Hauptsache müsste doch bleiben, dass das Modell des Marktsozialismus sie zu verantwortungsvollem Regieren anhält, indem sie sich gemässigte, von den absurdesten Lehrsätzen sozialistischer Orthodoxie geläuterte Programme zu eigen machen.

Der Haken dieser Argumentation ist, dass sie jeglicher Theorie der Wirtschafts- und Sozialwissenschaften zuwiderläuft. Die ökonomische Lehre besagt nämlich, dass der Marktsozialismus deshalb nicht funktionieren kann, weil er versucht, den Faktoreinsatz unter ein ökonomisches und die Einkommensverteilung unter ein politisches Regime zu stellen, dass er die zwei Teile also zwei völlig unterschiedlichen und sich widersprechenden Gesetzmässigkeiten zuordnen will. Wenn die Einkommensverteilung mittels Besteuerungs- und Sozialversicherungssystem „sozialer" gestaltet wird, wirkt sich das auf den Einsatz der Produktionsfaktoren aus: Deren Verwendung in der Produktion entfernt sich dadurch ständig weiter vom Muster, das die „Gesetze der Ökonomie" ursprünglich einmal vorgezeichnet haben. Schliesslich werden die verzerrten Anreize für den Faktoreinsatz die Produktion lähmen. Letztlich wird der Marktsozialismus - da er verteilungspolitischen und ökonomischen Anforderungen nicht gleichzeitig gerecht werden kann - seine Versprechen nicht halten können. Als Prinzip liegt das auf der Hand, doch geht es lange, bis dies auch empirisch erhärtet ist. Genauso wie es Jahrzehnte gedauert hat, bis es sich zeigte, dass die Planwirtschaft nach sowjetischem Muster nicht lebensfähig ist, werden die Widersprüche des Marktsozialismus erst spät zutage treten. Auf kurze Sicht funktioniert der Marktsozialismus nämlich relativ reibungslos, denn er nährt sich vom Fett, das sich sein Vorgänger, der andere, „adjektivlose" Markt, zugelegt hat. Diese Reserve ist materieller und moralischer Natur: Materiell in Form der vorhandenen Infrastruktur und des gehäuften Kapitals; moralisch im Bezug auf die Arbeitsethik, den Geist der Eigenverantwortung und die persönliche Initiative. Von den beiden in der kapitalistischen Vergangenheit angelegten „Fettvorräten" ist der moralische Aspekt ohne Zweifel der wichtigere.

Politik der hohen Kosten und tiefen Löhne

Wenn Märkte um soziale Ziele ergänzt werden, wird ihre darwinistische Schärfe gemildert durch Mitgefühl sowie durch ein „breiteres" öffentliches Interesse, wie es Regierungen, die auf Stimmenfang sind, gerne geltend machen. Die Folgen sind voraussehbar: Lahme Enten werden geschützt, kränkelnde Industrien aufgepäppelt, und dem Luftzug der internationalen Konkurrenz wird es verwehrt, die untüchtigsten der einheimischen Firmen wegzublasen und die noch überlebenden Unternehmen zur unablässigen Kostenkontrolle und Produktverbesserung zu zwingen. „Industriepolitische Massnahmen" leiten die Investitionen dorthin, wo es gilt, Arbeitslosigkeit zu lindern, wo Politiker um ihre Sitze bangen und wo Korruption die Räder geschmiert hat. Schrittweise verschlechtert sich die strukturelle Lage der Industrie, die den Ansprüchen der Nachfrage und des technischen Fortschritts immer weniger zu genügen vermag. Die Gestehungskosten steigen, und die Fähigkeit, Arbeitsplätze zu schaffen und hohe Löhne zu zahlen, schwindet dahin. Während sich die Umwelt fortentwickelt, bleibt die verteilungspolitisch beeinflusste Ressourcenzuteilung starr, und schliesslich öffnet sich ein Teufelskreis: Je ausgeprägter die Misswirtschaft zutage tritt, desto lauter ertönt der Ruf nach „sozialen" Massnahmen, um die Unbill zu lindern; je umfassender aber solche Massnahmen werden, desto stärker leidet wiederum der Produktionssektor.

Gleichzeitig führen die Mechanismen der „sozialpolitisch" ausgerichteten Kranken- und Arbeitslosenversicherung dazu, dass die Ansprüche ständig anschwellen. Verständlicherweise wird jemand, der auf Arbeitslosengeld zurückgreifen kann, nicht irgendeinen Job zu irgendwelchem Entgelt akzeptieren. Der Nettoeffekt eines Sicherheitsnetzes gegen einen Stellenverlust sind ein starres Lohngefüge, eine geringere Mobilität der Arbeitskräfte und eine höhere Arbeitslosigkeit. In allen „sozialen Marktwirtschaften" steigen die Kosten der Gesundheitsversicherung, der Kranken- und Unfallgelder und die Quote der Arbeitsversäumnisse ständig; sie haben in einigen Ländern ein alarmierendes Ausmass angenommen. Alles in allem läuft dies auf eine Wirtschaft der hohen Kosten hinaus, in der die Reallöhne niedriger sind, als sie sein könnten, wenn -der Markt nicht „sozialisiert" worden wäre.

Es ist durchaus möglich, dass der Marktsozialismus einigen Gruppen lieber ist als ein „Markt ohne Adjektive", doch ist schwer auszumachen, wer dies genau ist. Denn jede Gruppe, die von irgendeiner Massnahme profitiert, muss gleichzeitig mithelfen, die Kosten der Begünstigungen jeder anderen Gruppe zu tragen. Einige dieser Kosten sind klar auszumachen, so beispielsweise Steuern und Sozialversicherungsprämien. Andere Kosten bleiben indessen verborgen, ohne je als Abzüge auf der Lohnabrechnung zu erscheinen. Mehrwertsteuer, Inflation, Absentismus und reduzierte Produktivität von Arbeitskollegen, die schwindende Wettbewerbsfähigkeit der Industrie, die Kosten der Regulierung sowie Protektionismus tragen alle dazu bei, den Lebensstandard unter das langfristige Potential zu drücken. Aber niemand vermag die Einbussen zu messen und festzustellen, welche soziale Schicht oder welche Branche welche Kosten genau trägt.

Anreize für Lobbying

Diese Undurchsichtigkeit verleitet jede Interessengruppe dazu, auf politischem Weg Vorteile erlangen zu wollen. Ist der politische Prozess einmal „sozial" und damit anfällig auf Lobbying, wächst die Schar weiterer Bittsteller. Auf diese Weise wird eine marktwirtschaftliche Ordnung, die zunächst einen bescheidenen Kompromiss anstrebte, immer weiter in die „soziale" Richtung getrieben und kann - selbst wenn man es wollte - nicht mehr gebremst werden. Soziale Sicherheit und andere Umverteilungsströme sind nur die Spitze des Eisberges, die augenfälligsten Kosten des „sozialen Marktes". Diese Daten sind aber über die Länder hinweg relativ gut vergleichbar. Und hier zeigt der prozentuale Anteil des Sozialprodukts, der in verschiedenen Ländern und Stadien des „sozialen Fortschritts" umverteilt wird, einen Aufwärtstrend. Hält diese Tendenz an, wird der Anteil der umverteilten Mittel ab einem bestimmten Punkt nicht mehr tragbar, wenn wir auch nicht wissen, wann dieser erreicht sein wird. Zu gegebener Zeit wird indessen die marktorientierte Version des Sozialismus ebenso zur Selbstzerstörung führen wie der unverfälschte Sozialismus marxistischer Prägung - wenngleich aus anderen Gründen. Irgendeine historische Wende wird zu einem bestimmten Punkt den Trend wahrscheinlich brechen. Dann wird sich die Öffentlichkeit von ihrem Flirt mit dem Marktsozialismus mit dem Argument abwenden, dass er von Anfang an zum Scheitern verurteilt gewesen sei - mit demselben Falkenauge später Einsicht, mit dem sie das Scheitern der marxistischen Version des Sozialismus endlich diagnostiziert hat.

Kann Marktkonformität die Effizienz bewahren?
Eine Duplik

Die Soziale Marktwirtschaft ist gemäss ihren Verteidigern (J. Starbatty) die ordnungspolitische „Auflösung der Spannung zwischen Markt und sozialem Ausgleich". Was bedeuten „Markt" und „sozialer Ausgleich" in diesem Zusammenhang? Offensichtlich versteht man hier unter Markt mehr als bloss einen Ort, an dem Produktionsfaktoren und Güter ausgetauscht werden, sonst wäre ja sogar die selige Sowjetunion als Marktwirtschaft zu bezeichnen gewesen. Gemeint ist mit „Markt" also vielmehr ein Zustand, bei dem die vermuteten Resultate von Privateigentum, Gewinnanreiz und freiem Wettbewerb tatsächlich vorliegen. Die Ergebnisse sollen mit anderen Worten dem entsprechen, was man als allokative Effizienz (die annähernde Gleichung von Grenzkosten und Grenznutzen) bezeichnet. Sozialer Ausgleich, was immer er sonst noch bedeuten mag, setzt zumindest eine Umverteilung der von der „adjektivlosen" Marktwirtschaft hervorgebrachten Faktoreinkommen voraus. Ob eine solche Umverteilung aus moralischer Sicht (im Sinne von Mitleid und Gerechtigkeit) oder unter dem Blickwinkel der Zweckmässigkeit (friedenstiftende Wirkung) eine Besserung darstellt, lässt sich weder logisch noch empirisch entscheiden. Es muss dem subjektiven Urteil überlassen bleiben und wird daher wohl ewig Gegenstand legitimer Meinungsunterschiede bilden. Effizienz kann dagegen als logisches Problem deduktiver Wirtschaftstheorie behandelt werden.

Eine lexikalische Unterscheidung

Wer von der „Auflösung" der Spannung zwischen der marktbedingten Verteilung und dem sozialen Ausgleich spricht, meint vermutlich, dass in der Sozialen Marktwirtschaft die Möglichkeit einer Art von Umverteilung besteht, welche die relativen Preise von Arbeit, Kapital und von den mit ihrem Beitrag hergestellten Gütern nicht beeinflusst und damit die gesamtwirtschaftliche Effizienz bewahrt. Diese Möglichkeit soll dadurch geschaffen werden, dass die umverteilenden Interventionen marktkonform bleiben, das heisst nicht nur den Preismechanismus als Signalapparat funktionieren lassen (wie Starbatty es definiert), sondern ihn auch davor bewahren, falsche, irreführende Signale abzugeben und ineffiziente Allokationen zu verursachen.

Ob Marktkonformität diese wünschenswerte Eigenschaft tatsächlich besitzt, wäre zu beweisen. Wilhelm Röpke, der „Erfinder" des Konzepts, hat letzlich nichts anderes getan, als marktkonforme von nichtmarktkonformen Eingriffen lexikalisch zu unterscheiden (ein Versuch, der sich gemäss Christian Watrin als zu ehrgeizig erwies). Dass es einen definierten Unterschied zwischen zwei Typen von Interventionen gibt, belegt aber jedenfalls noch lange nicht die Behauptung, der Unterschied verhelfe der einen Art von Intervention zur Bewahrung der Effizienz.

Falsche Signale

Das Problem lässt sich anhand des klassisch gewordenen Gegensatzes zwischen Preiskontrolle und Subjektsubventionierung beleuchten. Gäbe es in einer Wirtschaft nur zweierlei „Sozialpartner", nämlich reiche Arbeitgeber und arme Arbeitnehmer, müsste man sich, um denselben „sozialen Ausgleich" zu verwirklichen, zwischen zwei Massnahmen entscheiden, einer staatlich verordneten Erhöhung der Löhne einerseits (wenn nötig bei gleichzeitigem Preisstopp) und Zuschüssen in gleicher Höhe an die Arbeitnehmer andererseits. Letztere Massnahme, durch Besteuerung der Arbeitgeber finanziert, wäre vermutlich marktkonform. Die erhobenen Steuern wären gemäss dem Verständnis der Vertreter dieser

Konzeption proportional zur jeweiligen Lohnsumme. In diesem stark vereinfachten Fall hätte die marktkonforme Umverteilung („soziale Zuschüsse") genau dieselbe Wirkung auf die relativen Nettokosten und Nettopreise (nach Steuern und Zuschüssen) wie die nichtmarktkonforme (Lohnfestsetzung). Der Preismechanismus gäbe in beiden Fällen genau dieselben Signale ab; sie wären „falsch", in genau demselben Sinn von „falsch". In beiden Fällen lautete das Signal, zu den auf Grund der staatlichen Intervention gegebenen Kostenverhältnissen lohne es sich nicht, die gesamte vorhandene Arbeitskraft zu beschäftigen.

Ein logischer Trugschluss

In einer Wirtschaft mit vielen Sektoren, mit einer Vielzahl von Steuerquellen und mit einer komplexen Kreuzsubventionierung zwischen Wirtschaftszweigen und Einkommensklassen ist die Umverteilung wesentlich undurchsichtiger. Infolgedessen ist die Wirkung der beiden Typen von Interventionen auf die Effizienz nicht so leicht nachweisbar wie im vereinfachten Modell. Bei gewissen partiellen Gleichgewichten können die Konsequenzen der zwei Umverteilungsmethoden allerdings wohl unterschiedlich sein. Die Wirkung der „marktkonformen" Intervention kann jedoch „besser" sein, falls benachbarte Wirtschaftsteile eben unter „schlechteren" Sekundäreffekten leiden; sie kann jedoch genauso auch „schlechter" sein. Unsere ökonometrischen Kenntnisse reichen einfach nicht aus, um darüber empirisch urteilen zu können.

Für das allgemeine Gleichgewicht kann man dagegen auf Grund der Theorie ableiten, dass die Effizienzbedingungen für die Gesamtwirtschaft nur bei einer einzigen Verteilung der Faktoreinkommen und nur unter einem einzigen System von relativen Preisen erfüllt werden können. Falls die „adjektivlose" Marktwirtschaft effizient ist, kann die Soziale Marktwirtschaft nicht auch effizient sein, jedenfalls nicht im gleichen Ausmass. Die Behauptung, die Soziale Marktwirtschaft sei humaner oder konsensstiftender als die „adjektivlose", ist ein legitimes Werturteil. Dass sie keine Effizienzverluste nach sich zu ziehen braucht, ist ein logischer Trugschluss.

Adjektivlose oder Soziale Marktwirtschaft?
Ludwig-Erhard-Stiftung, Bonn, 1993

Umverteilung mindert die Effizienz

Ich stimme vielem zu, was Starbatty sagt; einige unserer Differenzen waren in der Tat Missverständnisse. Ich weiche jedoch von Starbatty ab, wenn es um Ursprung und Natur der Ineffizienz geht, die auf Umverteilung zurückzuführen ist.

Der inhärente Effizienzverlust durch Sozialpolitik scheint mir grundsätzlicher Art zu sein, als die Elemente, die Starbatty anführt (Verwaltungsaufwand, Sparquote).

Effizienz im Sinne der Pareto-Optimalität verlangt, dass der relative Preis zweier Güter (oder Faktoren) sowohl der Grenzrate der Transformation (also der Neigung der Produktionsmöglichkeitenkurve) als auch der Substitutionsrate (Neigung der Indifferenzkurve der Konsumenten) entspricht. Besteuerung (zum Beispiel zur Finanzierung des Wohngeldes) führt zu einer Abweichung dieser beiden Grenzraten oder vergrössert den Abstand, der zwischen diesen beiden schon besteht. So sorgt eine Steuer auf „verdientes" Einkommen dafür, dass die Grenzrate der Transformation von Arbeit in Einkommen von der marginalen Substitutionsrate zwischen Einkommen und Freizeit abweicht, da die eine Grenzrate auf das Einkommen vor Steuern, die andere aber auf das Einkommen nach Steuern reagiert.

In gleicher Weise beeinflussen Steuern auf Konsumgüter die Grenzrate der Transformation eines Gutes in das andere im Vergleich zu der Grenzrate der Substitution, wie sie sich in den Konsumentenpräferenzen für gegebene Mengen der beiden Güter niederschlägt. Zugegeben: Diese Verzerrung wäre wahrscheinlich geringer, wenn beide Güter nach dem Mehrwertsteuerprinzip besteuert würden, anstatt sie nach ihrem Wert oder nach ihren Mengen zu besteuern.

Beschränkt man die Verwendung des Einkommens der Armen auf den Kauf eines bestimmten Gutes (zum Beispiel auf Wohnen im Falle des Wohngeldes), so werden die Ausgaben zugunsten dieses Gutes verzerrt, was wahrscheinlich dazu führt, dass sie sich auf einer niedrigeren Indifferenzkurve befinden, als sie es erreichen könnten, wenn sie ihr Einkommen auf zwei Güter (Wohnen und andere Güter) so verteilen könnten, wie sie es wollten. In diesem Sinne ist Wohngeld Pareto-ineffizient, selbst wenn man es als marktkonform betrachtet. Ich denke jedoch, dass dieser Effekt weniger wichtig ist als der zuerst aufgeführte.

Wider die Wohlfahrtsdiktatur - Zehn liberale Stimmen
Hrsg. Roland Baader, 1995

Über Umverteilung

„Das Prinzip der Gravitation ist nicht sicherer als die Tendenz jener Gesetze, Wohlstand und Macht in Elend und Schwäche zu verwandeln..."
David Ricardo 1817

Es gibt drei glaubhafte Gründe gegen Umverteilung. Alle drei klingen immer noch irgendwo in den Hinterköpfen der Öffentlichkeit nach, auch wenn ihr Klang im Verlaufe der Zeit verhallt. Zwei von ihnen führen letzte Werte ins Feld: Die Unantastbarkeit redlich erworbener Rechte und die Aufrechterhaltung von Freiheiten. Der dritte Grund ist instrumental und hat mit ökonomischer Effizienz in einem weiten Sinne zu tun.

I

Der erste Grund behauptet im wesentlichen, dass entweder Einkommen unter der Berücksichtigung gültiger Verträge erzielt und Vermögenswerte im rechtsgültigen Besitz sind oder nicht. Folglich ist die Verteilung von Einkommen und Wohlstand entweder rechtmässig, entsprechend der in Kraft befindlichen Eigentums- und Vertragsrechte, oder sie ist es nicht. Falls sie es nicht ist, muss die Verteilung wieder rückgängig gemacht werden. Aber falls sie es ist, gibt es einen unschönen Missklang zwischen der Pflicht und dem Mandat der politischen Autorität: Der Pflicht zur Wahrung rechtmässiger Ansprüche und dem Auftrag, dieselben gewaltsam umzuverteilen. Die Pflicht ist konstitutiv für den Staat und, so mag man meinen, dem Auftrag vor- und übergeordnet.

Das Mandat hängt davon ab, welcher Teil der Gesellschaft darin Erfolg hat, seinen Willen dem Rest aufzuzwingen. Die Pflicht und das Mandat widersprechen einander.

Der zweite Grund ist weniger scharf umrissen, jedoch nicht bar jeglicher Plausibilität. Sein Tenor ist, dass ein Umverteilungsstaat in dem Masse, in dem er ein Wählermandat zum Schutz einiger Bürger gegen Bedürftigkeit, Missgeschick und viele andere Lebensrisiken auf Kosten anderer Bürger wahrnimmt, daran scheitert, eben diese vor seiner eigenen Macht zu schützen, vor allem um so mehr es der Auftrag ist, umzuverteilen.[1]

Der dritte Grund ist recht banal, insofern als er sich nicht auf einen letzten Wert bezieht, sondern rein auf die instrumentale Vernunft in der Form eines „falls du dieses willst, dann tu nicht jenes". Er behauptet, dass Umverteilung kontraproduktiv sei und vereitle, was sie zu erreichen trachte. In einer von freiwilligem Tausch geleiteten Wirtschaft sind Produktion und Verteilung zusammenhängend bestimmt. Ohne John St. Mill und seinen unzähligen Nachfolgern zu nahe treten zu wollen: Es gibt keinen Grund zu erwarten, dass die Verteilung durch eine wie auch immer herbeigeführte politische Entscheidung geändert werden kann, ohne die Produktion nicht gleichfalls zu ändern. Das ist, neben anderen Gründen, der Grund, warum Faktoreinsätze, Faktorproportionen und Faktorerträge von Faktorentlohnungen abhängen und umgekehrt. Es gibt eine auf der Theorie des allgemeinen Gleichgewichts basierende Annahme, dass Umverteilung die Wahrscheinlichkeit, eine Pareto-effiziente Faktorverteilung zu erreichen, reduziert. Inwieweit dies bedeutsam ist, ist eine empirische Frage. Einige würden dazu neigen, das Ausmass als leicht aufzubringende Kosten abzutun, andere urteilen, dass es den Kuchen und dessen künftiges Wachstum ernsthaft genug schmälert, um den eigentlichen Zweck der Umverteilung zu zerstören. Die Theorie kann den einen oder anderen deduktiven Versuch unternehmen, die Schwerkraft oder sonstige Wirkung dieses Problems vorherzusagen. Abschnitt III dieses Aufsatzes skizziert einen solchen Versuch. Der instrumentale Hauptgrund gegen Umverteilung ist ökonomischer Natur, hat aber Hilfsgründe als Ableger, die vor allem ethisch oder soziologisch sind: Sorglosigkeit, Drückebergerei, „moral hazard", Abhängigkeit und der Zerfall der traditionellen Familie sind die am häufigsten ins Feld geführten Gründe.

Welche intrinsischen Werte auch immer sie haben mögen, diese Gründe haben eine unzulängliche Überzeugungskraft, gemessen am geringen effektiven Gewicht, das ihnen in unserer modernen Zeit zukommt. Mit einer gewissen Berechtigung wird argumentiert, Umverteilung sei jederzeit und überall in der Welt, so wie Verstösse gegen das sechste Gebot jederzeit und überall in der Welt vorkämen. Nur wenige Priester und noch weniger weise unter ihnen, halten es für angebracht, eine weltweite Praxis aktiv zu bekämpfen, solange sie moderat und nicht in aller Öffentlichkeit ausgeübt wird. Sie ist dann nur eine lässliche Sünde, eine Jugendsünde, um nicht zu sagen ein „péché mignon" (eine kleine Schwäche). Dementsprechend verweigern nur wenige der heute noch existierenden politischen Moralisten und ökonomischen Puristen, jeden, auch den geringsten Grad der Umverteilung zu entschuldigen. Gleichwohl akzeptieren sie ihn eher, wenn er nicht egalitäre Ziele zur Schau trägt, sondern statt dessen als scheinbar unmittelbare Folge der Linderung von Armut, als Absicherung gegen Unglück oder als Bereitstellung öffentlicher Güter daherkommt.

Diese angepasste Sichtweise ist nicht, wie man vielleicht leichtfertig vermuten würde, unverfroren pragmatisch und zynisch. Es gibt echte moralische und instrumentale Argumente, welche sie unterfüttert, Argumente, die es verstehen, sich innerhalb der breiten konservativen und klassisch liberalen Tradition zu bewegen. Innerhalb dieser Tradition stehend, machen sie keine grossen Zugeständnisse an den Egalitarismus. Anders als es andere Traditionen täten, stimmen sie nicht darin überein, dass eine Umverteilung eines weithin gewünschten Aggregats, wie z. B. Einkommen, Wohlstand, Wissen oder Chancen, ethisch lobenswerter oder gesellschaftlich zu bevorzugen sei, falls es zu mehr Gleichheit führe. Dennoch verzeihen sie die politischen Gepflogenheiten oder scheinen deren umverteilenden Charakter zu ignorieren. Die intellektuelle Toleranz gegenüber der Umverteilung, sogar in Kreisen, in denen man erwarten würde, sie stiesse auf ernsthafte Verdammung, ist ein Phänomen, dem eine genauere Analyse gebührt. Es bringt etwas hervor, von dem ich glaube, dass es interessante Einsichten sind.

Absolution wird routinemässig für die bescheidene Umverteilung zum Zwecke nichtkontroverser Ziele erteilt. Hayek, der offensichtlich wie jeder andere auch die einzelnen glaubhaften Gründe gegen Umverteilung schätzte, hat diese bei vielen Gelegenheiten in zusammenhängender Form dargestellt. Dennoch hat er die Umverteilung entschuldigt und ihre Praxis sogar als positiv empfohlen. Sein Fall ist musterhaft für die unerwartete Toleranz.

„(D)ass die Regierungstätigkeit auf die Aufrechterhaltung von Recht und Ordnung beschränkt sei, kann ... nicht durch das Prinzip der Freiheit gerechtfertigt werden. Nur die mit Zwang verbundenen Massnahmen der Regierung müssen streng begrenzt sein. Wir haben schon gesehen (in Kapitel XV), dass es zweifellos ein weites Feld für nicht mit Zwang verbundene Betätigungen für die Regierung gibt und dass natürlich die Notwendigkeit besteht, sie durch Besteuerung zu finanzieren" (Hayek 1971, S. 328).

Indem er diese sonderbare Unterscheidung zwischen Zwangsmassnahmen und nicht mit Zwang verbundenen Massnahmen der Regierung trifft, scheint Hayek die Besteuerung selbst als eine nicht mit Zwang verbundene Massnahme einzustufen - ein Urteil, das eine offensichtliche Auswirkung auf seinen Standpunkt zur Umverteilung hat. Dementsprechend setzt er fort, „dass mit zunehmendem Reichtum jenes Existenzminimum, das die Gemeinschaft für die, die sich nicht selbst erhalten können, immer geboten hat, und das ausserhalb des Marktes geboten werden kann, allmählich steigen wird, oder dass die Regierung in nützlicher Weise und ohne Schaden anzurichten, in solchen Bemühungen hilfreich oder sogar führend sein kann. Es gibt auch kaum einen Grund, warum die Regierung nicht auf Gebieten wie der Sozialversicherung ... eine Rolle spielen oder gar die Initiative ergreifen ... sollte" (Hayek 1971, S. 329).

Wie auch immer, es ist eine Sache, dass der Staat ein unkürzbares und gleiches Minimum für alle sichern soll, und es ist eine andere, dass er garantieren soll, jedwedes persönliche Interesse, das nun mal jeder hat oder zu verdienen glaubt, zu wahren: „Hier muss aber zwischen zwei Bedeutungen von Sicherheit eine wichtige Trennungslinie gezogen werden: Einer beschränkten Sicherheit, die für alle erreicht werden kann und daher kein Privileg darstellt, und einer absoluten Sicherheit, die in einer freien Gesellschaft nicht für alle erreicht werden kann. Die erste ist Sicherung gegen schwere physische Entbehrung, Zusicherung eines gegebenen Existenzminimums für alle; und die zweite ist die Zusicherung eines gegebenen Lebensstandards, der durch Vergleich des von einer Person oder einer Gruppe genossenen Standards mit dein anderer bestimmt wird. Der Unterschied ist also der zwischen der Zusicherung eines gleichen Mindesteinkommens und der Zusicherung eines bestimmten Einkommens, das einer Person angeblich zukommt" (Hayek 1971, S. 330).

Letztere ist jene Umverteilung, die Hayek ablehnt, erstere ist die Umverteilung, die er für unvermeidlich und akzeptabel hält, in einigen Fällen sogar für empfehlenswert. Für einen Antiegalitaristen ist es bemerkenswert, dass er der Sicherung eines gleichen Minimums für jedermann seine Zustimmung gewährt, während er den Anspruch einer absoluten Absicherung ablehnt, weil diese nicht für alle erreicht werden könne. Würde er den Anspruch unterstützen, falls sie es könnte? Knapp zwanzig Jahre später führt er unter den legitimen Aufgaben der Regierung die „Sicherung eines bestimmten Einkommensminimums für jedermann" auf (Hayek 1973-1979, Vol. 3, S. 55). Mehr noch, das besagte Einkommensminimum ist nicht ein bestimmtes Existenzminimum, bemessen nach physischen Erfordernissen für das menschliche Überleben und die menschliche Fortpflanzung, sondern eine soziale oder politische Variable. Einige Kritiker des Wohlfahrtsstaates haben versucht, die Umverteilung in einem Rahmen zu halten, der dem Diktat der Nächstenliebe, des Mitleids und der gesellschaftlichen Solidarität entspricht und diesen nicht sprengt. Die damit gesetzten Grenzen sollten dem Wildwuchs von „Wohlfahrtsrechten" Einhalt gebieten, welche die Ausweitung und das scheinbar endlose[1] Hochschrauben von Ansprüchen forcieren. Das Argument, welches, sollte es sich durchsetzen, das „gesellschaftlich" zugesicherte Einkommensminimum an einer bestimmten absoluten Grenze fixieren und die „relative Entbehrung" beenden würde, appelliert an die Befriedigung von Grundbedürfnissen (Raz 1986, S. 235-244; Gray 1992).

Man mag über die Kraft des Argumentes der „Grundbedürfnisse" und der „zu befriedigenden Bedürfnisse", mit dem ein Übereinkommen über das festzulegende garantierte Grundniveau des Wohlergehens oder der Ressourcen erzielt werden soll, denken, was man will. (Wie schmackhaft muss die Essensration sein, die genug Kalorien zum Überleben enthält? Wie weit sollte auf medizinische Ressourcen zurückgegriffen werden können, um bestehende Beschwerden zu behandeln? Welcher Art ist die Absicherung, auf die jede Familie zurückgreifen kann? Wie lang ist ein Stück Schnur?), Hayek trachtet eindeutig und weise nicht danach, sich gegen die Ansprüche eines relativen Standards, vergleichsweisen Wohlergehens und eines steigerungsfähigen Minimums zu sperren. Er akzeptiert es als eine Tatsache des politischen Lebens, dass „der Beitrag der Unterstützung, der jetzt in einer verhältnismässig wohlhabenden Gesellschaft gegeben wird, höher ist, als zur Erhaltung des Lebens und der Gesundheit absolut notwendig ist. Es ist auch zu erwarten, dass die Verfügbarkeit dieser Unterstützung manche dazu verleiten wird, solche Vorsorge gegen Notfälle, die sie hätten treffen sollen, zu verabsäumen" (Hayek 1971, S. 361f).

In einer schönen Illustrierung dessen, wie in einer Kette, von deren Ende, sofern sie eines hat, wir nicht einmal die blasseste Ahnung haben, eins zum anderen kommt, führt ihn diese Beobachtung dazu, die Existenzberechtigung der Pflichtsozialversicherung zu unterschreiben, „... scheint es eine auf der Hand liegende Schlussfolgerung zu sein, sie zu zwingen, sich gegen diese allgemeinen Gefahren des Lebens zu versichern oder sonst vorzusorgen. Die Rechtfertigung in diesem Fall ist nicht, dass die Menschen in ihrem eigenen Interesse gezwungen werden sollen, sondern dass sie durch Verabsäumung der Vorsorge der Allgemeinheit zur Last fallen würden. ... Wenn der Staat verlangt, dass jeder in einer Weise Vorsorge trifft, in der es früher nur einige taten, scheint es nur recht und billig, dass der Staat auch die Entwicklung geeigneter Institutionen unterstützt. ... Bis hierher kann die Berechtigung des ganzen Sozialversicherungsapparates wahscheinlich auch von den konsequentesten Verteidigern der Freiheit akzeptiert werden" (Hayek 1971, S. 362).

Schritt für Schritt, vom Ei über die Kaulquappe bis hin zu dem zum Zerplatzen aufgeblasenen Frosch, geht die Gestalt des ausgewachsenen Wohlfahrtsstaates aus einem Argument hervor, das mit der „unerzwungenen" Vorsorge eines Existenzminimums beginnt. An diesem Punkt angelangt, liefert Hayek eine Reihe von verblüffenden Reflexionen, ähnlich seiner Beschreibung der steuerlich finanzierten Regierungsaktivitäten, also der gewaltmässigen Umleitung von Ressourcen von einem Eigner und einem Gebrauch zu einem anderen als „nicht mit Zwang verbunden". Grundsätzlich versucht er die Pflichtversicherung, und zu diesem Zweck die Wohlfahrtsfürsorge im allgemeinen, von der Umverteilung zu trennen, als ob das erste ohne das zweite logisch denkbar und praktisch möglich sei: „Obwohl Umverteilung der Einkommen nie der zugegebene ursprüngliche Zweck des Sozialversicherungsapparates war, ist sie nun überall das tatsächliche und anerkannte Ziel. Keine monopolistische Pflichtversicherung hat der Umwandlung in etwas ganz anderes, nämlich in ein Instrument zur zwangsweisen Umverteilung der Einkommen, widerstanden. ... Doch ist es ganz wesentlich, dass wir uns der Trennungslinie klar bewusst werden zwischen einem Zustand, in dem die Gemeinschaft die Pflicht anerkennt, wirkliche Not zu verhüten und für ein Minimum an Wohlfahrt zu sorgen, und einem Zustand, in dem sie sich die Macht anmasst, jedermanns „gerechte" Stellung zu bestimmen, und jedem zuweist, was er ihr zu verdienen scheint" (Hayek 1971, S. 365f).

Um es klar zu sagen: Es ist empirisch nicht zu unterscheiden, ob man jedem einen Anspruch auf ein bestimmtes Minimaleinkommen zuerkennt oder jedem einen Anspruch auf das zugesteht, was er „nach Meinung der Gemeinschaft" verdient hat. Die Motivation mag unterschiedlich sein: Rücksicht auf Bedürfnis im ersten Fall, Rücksicht auf Verdienste im zweiten. Es mag ausserdem zugestanden sein, dass während das erste Zugeständnis das Bedürfnis, oder was dafür gehalten wird, voll befriedigt, das zweite dem Verdienst nur teilweise gerecht wird: Jeder Begünstigte verdient mindestens das allgemeine Minimum, und das ist alles, was zugestanden wird. Während zwar keiner weniger verdient, mag die Gemeinschaft sehr wohl „meinen", dass einige mehr verdienen, ohne sich darum zu scheren, dass diese in der Tat mehr bekommen.[2] Diese Unterscheidungen existieren sozusagen innerhalb des Kopfes der „Gemeinschaft", ohne sich an irgendeiner Stelle in den legislativen Entscheidungen widerzuspiegeln, also in dem, was von den einen genommen und den anderen gegeben ist. Wie auch immer, Ressourcen von ihren Eignern zu denen umzuleiten, die sich anderwärts nicht daran erfreuen würden, ist Umverteilung, ganz gleich welchem höheren Motiv sie dienen mag, und ganz gleich ob man dünkt, Not oder Gerechtigkeit zu befriedigen.

Zu glauben, eine Sozialversicherungspflicht sei zumindest möglicherweise nicht-redistributiv, sei in ihrer ursprünglichen Form non-redistributiv gewesen und es sei nur die Politik gewesen, die sie zu einem Generator der Umverteilung deformiert habe, heisst wesentliche ihrer Eigenschaften auslassen. Es ist eine Binsenweisheit, dass in jeder Versicherungskasse, in jedem Versicherungspool, die Versicherungsbeiträge einiger „umverteilt" sind, um die Ansprüche anderer zu begleichen. Dennoch gibt es eine starke Vermutung, dass, falls die Versicherungsmitglieder der Prämienzahlung frei zugestimmt haben, sie die Versicherung zumindest so sehr wertgeschätzt haben wie deren Kosten. Auch wenn es unwissenschaftlich sein mag, zu bestätigen, dass sie für das Versichertsein „eine Präferenz offengelegt" haben, so ist es doch sicherlich richtig, zumindest ihren freiwilligen Akt als gewichtigen Anhaltspunkt dessen zu verstehen. Beide Klassen von Versicherten - solche, die Verlustansprüche angemeldet haben, und solche, die es nicht haben - haben einen Pareto-verbessernden Handel abgeschlossen. „Subjektiv" - und wie sonst kann die Angelegenheit bewertet werden? - hat keine Umverteilung vom einen zum anderen stattgefunden.

Wie auch immer, eine Pflichtversicherung, in der jeder, der einer Art von Schadensfall ausgesetzt ist, gedeckt sein muss, wie auch immer seine eigene Einschätzung der Wahrscheinlichkeit und Bedeutung des Schadens sein mag (d. h., was auch immer dessen Bayesianischer erwarteter Wert, künftig „subjektive Verlusterwartung" sein mag), wie auch immer die statistische Wahrscheinlichkeit (künftig „versicherungsmathematische Verlusterwartung") sein mag, und wer auch immer die Versicherungsbeiträge und die Ansprüche bezahlt, ist unvermeidlich redistributiv. Da diese Überlegungen in ein Argument münden, das ich in Abschnitt III anführen werde, werde ich versuchen, einige Wohlfahrtsaspekte der Versicherung mit einer gewissen Sorgfalt zu klären.

Unter der Herrschaft freiwilliger Tauschakte ist die Nachfrage nach Versicherungen neben anderen Dingen eine Wachstumsfunktion der subjektiven Verlusterwartung und ihr Angebot eine abnehmende Funktion der versicherungsmathematischen Verlusterwartung. Für den gegenwärtigen Zweck seien alle anderen Dinge Parameter. Die effiziente Prämie in einem kompetitiven Versicherungsmarkt (wobei wir annehmen, es gäbe keine Verwaltungskosten, kein Investmenteinkommen und keine Operationen zur Kostendeckung, die gute mit schlechten Jahren verrechnen) befindet sich auf einer Ebene, auf der sie und die zwei Arten marginaler Verlusterwartungen (die subjektive und die versicherungsmathematische) sich gegenseitig entsprechen. Auf dem Niveau der effizienten Prämie bleibt ein Teil der Risiken bezeichnenderweise unversichert. Falls jedoch statt uniformer Preisbildung Preisdiskriminierung praktiziert wird und der Markt in Kategorien entsprechend der Risikoqualitäten segmentiert ist (der „moral hazard" wird durch auf Erfahrung basierende Strafprämien abgeschreckt), wird der unversicherte Teil kleiner sein, aber das Prinzip bleibt dasselbe: Die versicherungsmathematische Verlusterwartung ist nicht höher und die subjektive Verlusterwartung ist nicht niedriger als die Prämie.

Bei einer Pflichtversicherung darf dieser Auswahlmechanismus nicht wirken, und die Effizienzbedingung (als Regel) wäre dort nicht erfüllt. Jeder, der einem Risiko ausgesetzt ist, ist versichert, was immer er und was immer seine Versicherer über sein Risiko denken mögen. Zwei Lösungen sind möglich. Falls ein uniformer Versicherungsbeitrag auf den Durchschnitt der versicherungsmathematischen Verlusterwartung festgesetzt wird[3], wird sich eine Umverteilung von „guten" zu „schlechten" Risiken ergeben, von solchen, deren Prämie höher liegt als die für ihren relevanten Sonderfall versicherungsmathematische Verlusterwartung, zu solchen, deren Prämie geringer ist. Das kann durch Preisdiskriminierung gemildert werden. Ausserdem wird es aus einem anderen, nicht mildernden Grund eine Umverteilung geben: In einer typischen pflichtversicherten Bevölkerung wird es einen Teil von Personen geben, deren subjektive Verlusterwartung geringer ist als ihre Prämie, und falls alle zur Zahlung der gleichen Prämie angehalten werden, werden diese Personen letztlich einen erzwungenen Transfer zu solchen leisten, für die das Gegenteil zutrifft.

Die andere mögliche Lösung liegt in der Aufgabe der Idee eines selbstfinanzierten Versicherungspools (oder -poole), in dem Mitglieder einer dem Risiko ausgesetzten Bevölkerung sich gegenseitig gegen ihr Risiko ohne jegliche Beteiligung des dein Risiko nicht ausgesetzten Teils der Bevölkerung versichern. Falls diese Beschränkung aufgehoben wird, kann der Versicherungsbeitrag (oder das Spektrum der Versicherungsbeiträge) auf jedem Niveau zwischen null und sehr hoch fixiert werden. Bei einer Nullprämie oder sehr niedrigen Prämie müssen die dem Risiko nicht ausgesetzen Personen das versicherungsmathematische Defizit ausgleichen, und bei einer sehr hohen Prämie erhalten sie einen Mehrwert. Das Versicherungsprogramm ist, kurz gesagt, in diesem Fall redistributiv, sowohl innerhalb des versicherten Bevölkerungsteils als auch zwischen den Versicherten und den Unversicherten. Es ist nicht einsichtig, warum jemand, wie es Hayek offensichtlich getan hat, sich dazu entscheiden sollte, nur die letzte der beiden Lösungen als redistributiv zu betrachten.

Klar, die gegen eine gewisse Risikoart Unversicherten sind oft in anderen Pools versichert, in anderen Plänen der Sozialversicherung gegen andere Risikoarten. Indem sie einen Hut tragen, unterstützen sie andere; und indem sie verschiedene andere Hüte tragen, sind sie unterstützt. Einer dieser Hüte ist der des gemeinen Steuerzahlers, der Sozialversicherungspläne mitfinanziert, die in den roten Zahlen stecken. Ein weiterer dieser Hüte ist der des Arbeitgebers, der Arbeitnehmer unterstützt, falls beabsichtigt wird[4], die Prämien von der Sozialversicherungssteuer zu bezahlen. Im Grenzfall der Nullprämien verliert die Sozialversicherung die letzte Spur eines (obgleich unterstützten) Pools von solchen, und nur von solchen, die einem Risiko ausgesetzt sind, und erscheint als eine reine Umverteilungsmassnahme, in der die „Gesellschaft" die Opfer diverser Widrigkeiten kompensiert: Von schlechter Gesundheit über Arbeitslosigkeit bis hin zum Altwerden. Die Berechtigung zur Kompensation ist weder ganz (noch teilweise) die Konsequenz eines Pflichtkaufes der Versicherung, sondern einzig die Mitgliedschaft des Opfers in der festgelegten Klasse, ziemlich genau so wie im Fall des garantierten Minimumeinkommens. Dieser Fall kann als ein vereinigter Multi-Risiko-Pool mit allgemeiner Beteiligung betrachtet werden, der so oder so von seinen Mitgliedern einsammelt, was immer er für Ansprüche auszahlt. Was er aber von einem einzelnen Mitglied einsammelt, steht in keiner Relation mehr zum egal wie dürftigen, versicherungsmathematischen Risiko, welches das besagte Mitglied für den Pool darstellt.

Je diversifizierter und fortgeschrittener die Institution der Sozialversicherung ist und je mehr Arten von Schadensfällen sie kompensieren soll, desto schwieriger ist es, auch nur den wahrscheinlichen (ganz zu schweigen vom eigentlichen) Nettobegünstigten vom Nettobeitragzahler zu unterscheiden und den umverteilenden Effekt zu quantifizieren. Dass der Nettonutzen aus dem Umstand, gegen ein in keiner bestimmten Zeitspanne oder gar nie eintretendes Ereignis versichert zu sein, vollkommen subjektiv ist und bei Pflichtversicherungen bei jeder Transaktion „unaufgedeckt" bleibt, ist nur eine der vielen Ursachen unserer unvermeidlichen Unkenntnis darüber, wer tatsächlich von wem was kriegt. Alles, was wir mit annähernder Gewissheit wahrnehmen können, ist, dass ein grosser Teil von Steuern und Kompensationen umgewälzt wird, oft von und zur selben Person, Klasse oder Einkommenskategorie.

Wir wissen, dass, abgesehen von den Kosten für das Hin- und Herschieben, die Geldnutzen und Geldbeiträge sich für die Gesellschaft als Ganzes gegenseitig aufheben.[5] Wir können ausserdem mutmassen, und zwar gemäss der in diesem Abschnitt erörterten deduktiven Gründe, dass sie, einige aussergewöhnliche Fälle ausgenommen, sich kaum für kleinere Untergruppen der Gesellschaft aufheben. Warum Hayek denkt, dass allein die Korruption der Politik dafür verantwortlich sei, dass die Pflichtprogramme zu Umverteilungstricks verkommen, ist schwer zu verstehen. Vielleicht empfindet er es so, dass Umverteilung erst dann Umverteilung ist, wenn sie viel umverteilt, und moderne, in der Hitze der Wahlkampfschlacht vorgebrachte Sozialversicherungsprogramme mehr umverteilen als die frühen Modelle, die in der prädemokratischen politischen Stille ausgedacht wurden.

Neben dem Zuerkennen eines Minimumeinkommens und dem Einrichten einer Pflichtsozialversicherung (welche die Neigung zu Sorglosigkeit, hervorgerufen von dem gesicherten Minimumeinkommen, notwendig macht) gesteht Hayek dem Staat eine weitere legitime Funktion zu. Es ist eine, die, obwohl sie über die Durchsetzung der „allgemeinen Regeln des gerechten Verhaltens" hinausgeht, „keine Bedrohung der Freiheit" darstellt und „keinen Zwang beinhaltet, abgesehen vom Einziehen der Steuer" (Hayek 1978, S. 144, cf. 111). Diese Aufgabe ist die Herstellung öffentlicher Güter.[6] Die orthodoxe Position beziehend, öffentliche von privaten Gütern durch das Kriterium der Nicht-Ausschliessbarkeit zu trennen, verlangt er von der Regierung das Anbieten von „Dienstleistungen, die sonst überhaupt nicht bereitgestellt würden (gewöhnlich, weil es nicht möglich ist, sie nur jenen zukommen zu lassen, die bereit sind, sie zu bezahlen)" (Hayek 1971, S. 288).

Des Staates Auftrag erscheint vollkommen einfach, „... die einzige auftauchende Frage ist, ob die Nutzen die Kosten wert sind" (S. 435).

In der Tat, tout est la (alles ist da), und was zu tun ist, ist ziemlich klar, sobald wir Kosten und Nutzen sowohl als miteinander vergleichbar als auch sauber messbar definiert und geeicht haben. Es bleibt nur noch übrig zu schauen, was grösser ist. Bevor diese angenehme Formalität zu Ende gebracht werden kann, sind, wie auch immer, viele andere Fragen zuerst zu beantworten, und während sie ohnehin in jeder Sprache schwer zu beantworten sind, sind sie in der Sprache des methodologischen Individualismus absurd und haben keine Antworten, die es wert wären, gegeben zu werden. Einen Ausgleich zwischen individuellem Nutzen und den individuell getragenen Kosten für öffentliche Güter zu finden, setzt zwei Arten von Verträglichkeit voraus, eine starke und eine schwächere, aber immer noch ausserordentlich anspruchsvolle. Was immer man als Motiv für die Entscheidung zwischen zwei Zuständen nehmen mag - egal ob Ziele, Präferenzen, Nützlichkeit oder Seligkeit - es muss entweder auf einer einzigen Skala vom Ursprung bis zur Linearfunktion kardinal messbar sein oder es muss zumindest interpersonalen Differenzvergleichen zugänglich sein. In dem ersten, strengen Fall können jedermanns Präferenzbefriedigungen oder Nutzen vor und nach der Herstellung des öffentlichen Gutes aufaddiert und die beiden Summen verglichen werden.

Im letzten und schwächeren Fall müssen wir, für eine Population von n, n-1 interpersonale Differenz-Vergleiche einer bestimmten Form durchführen, und zwar der Form: A's Nutzen am öffentlichen Gut übersteigt seinen Kostenanteil um mehr als B's Nutzen unter den Kosten bleibt, die er trägt, und dieser Mehrnutzen, eine Art vorläufiges Zwischenergebnis, ist grösser als der Betrag, um den C's Nutzen unter seinen Kosten bleibt, und so weiter. Der resultierende Nettoausgleich[7] hat mindestens so viele Freiheitsgrade wie die Zahl der Richter, die ihn bewerten, und es gibt so viele Richter, wie Personen von den Kosten und Nutzen betroffen sind. Das gilt nicht nur für den absoluten Maximalwert des Ausgleichs, sondern auch für dessen erstes Anzeichen. In einem gewissen Sinn, der allerdings gar nicht so leicht festzulegen ist, kann man sagen, dass Umverteilung stattfindet. Wenn alle Kosten und Nutzen Geldsummen wären, könnten wir Umverteilung von Geldeinkommen oder Vermögen festlegen. Wie auch immer, öffentliche Güter sind ohne Preis, und die Nutzen, welche sie für Individuen erzielen, in Geldsummen zu übersetzen, ist fragwürdig, um es gelinde zu formulieren. Es ist weder notwendig noch profitabel, sich gründlicher mit dem Windei von Kosten-Nutzen-Kalkülen für öffentliche Güter zu befassen, es sei denn, um sich über Hayeks Arglosigkeit zu wundern, mit der er dieses Terrain betritt.

Wie auch immer, er spricht öffentliche Güter von der Sünde der Umverteilung los, vielleicht weil er denkt, diese sei nur eine lässliche Sünde, die man so einfach abtun könne. Er neigt dazu zu glauben, dass öffentliche Güter in einer non-redistributiven Art angeboten werden können, „... sofern die befriedigten Wünsche kollektive Wünsche der Gemeinschaft als Ganzes sind und nicht nur kollektive Wünsche einer bestimmten Gruppe" (Hayek 1978, S. 111) und (selbstverständlich) sofern die von ihnen benötigte Besteuerung nicht für die Umverteilung des Einkommens genutzt wird (Hayek 1978). Die letzte Bedingung hält Hayek für erfüllt, sofern die Besteuerung als Ganzes (sowohl direkte wie indirekte Steuern eingeschlossen) nicht progressiv ist (Hayek 1960, S. 307). Er bemerkt korrekterweise, dass sogar proportionale Besteuerung redistributiv ist, falls die entsprechenden Aufwendungen einigen Personen mehr nutzen als anderen. Dennoch, nach seiner Auffassung muss das nicht generell der Fall sein. Seine Idee „der Wünsche der Gemeinschaft als Ganzes" impliziert den Vorschlag, dass wenn die Ausgaben der Befriedigung solcher Wünsche dienen, alle gleichermassen Nutzen haben (durch gleiche absolute Mengen? oder im selben Verhältnis zu ihrem Auslagenbeitrag?

oder durch irgendein anderes Rezept proportionaler Gleichheit?). Diese optimistische Sichtweise hinsichtlich der Möglichkeit verteilungsneutraler Staatsausgaben einnehmend, fährt er fort, ein verteilungsneutrales Staatseinkommen in der proportionalen Besteuerung zu finden. Die Kombination dieser beiden erlaubt ihm, sogar hoher Besteuerung zuzustimmen, falls sie der Finanzierung von Regierungsaufgaben dienen soll, der er aus davon unabhängigen Gründen zustimmen würde.

All dies nährt den Verdacht, dass für Hayek ein Weg zur Entschuldigung der redistributiven Züge einer gesellschaftlichen Einrichtung oder von ihm akzeptierten Regel dahin läuft, ihren redistributiven Charakter zu leugnen. Es gibt immer ein plausibles Verteilungskriterium, das durch ein gegebenes Besteuerungsmuster verletzt ist. Nimmt man z. B. das Kriterium des frei verfügbaren Einkommens, dann neigt eine proportionale Steuer dazu, das Muster der Vorsteuerverteilung aufzuheben. Ist die Progression auf einer der Vorsteuerverteilung angepassten Rate, dann ist es exakt die progressive Steuer, die dazu neigt, das relative frei verfügbare Einkommen kaum zu ändern. Beim Kriterium des „Realeinkommens" oder der „Nützlichkeit" wiederum kann eigentlich alles über eine entsprechende Verteilungs-Vorsteuer und -Nachsteuer sicher bestätigt werden, weil diese Begriffe sich auf das beziehen, was in den Köpfen der Leute vorgeht und oftmals nicht durch deren Handlungen offengelegt und auch nicht anderweitig aufgedeckt ist.

II

Es ist zweifellos eine Selbsttäuschung, anzunehmen, dass eine Gesellschaft mit einer selbstgewählten Regel zur Entscheidung gesellschaftlicher Fragen[8] Umverteilung vermeiden könne oder diese davon abhalten könne, die Schwelle der Sichtbarkeit zu überschreiten und das zentrale Thema der Politik zu werden. In dem Masse, in dem Umverteilung als Brennpunkt des politischen Konflikts erkannt wird, verlangt das Harmonisieren des Glaubens in seine Legitimität mit dem Glauben an die Ordnung des Gesetzes und an den Wert der Effizienz eine Erklärung. Die Umverteilung muss zeigen, dass sie vorzuziehende Trade-offs hat, um den Konsequentialisten zu beruhigen. (Der Deontologe, welcher von den deontischen Regeln abhängt, denen er sich verschrieben hat, kann entweder nicht beruhigt werden oder braucht es nicht).

Es reicht nicht zu behaupten, wie es Hayek versucht hat, dass öffentliche Ressourcennutzung und unfreiwillige Transfers von Individuen zur Regierung verteilungsneutral sein können. Denn diese werden immer einige, zumindest relativ, auf Kosten anderer bevorzugen. Auch ist es unzureichend, die Umverteilung im Zuge moderner Politik als eine Tatsache des Lebens, auf das der Weise ein blindes Auge werfen wird, abzutun. Ein blindes Auge ist um so weniger entschuldbar, desto mehr man mit Blick auf die gegenwärtigen Anhaltspunkte entdeckt, dass Umverteilung, falls sie es jemals war, nicht mehr länger ein unerwünschter Folgeeffekt der Regierung ist, die verschiedene löbliche Aufgaben ausführt, sondern vielmehr der Grund dafür, dass einige dieser Aufgaben durch sie ergriffen wurden; Umverteilung ist die Belohnung, welche Gewinnerkoalitionen für die Ermächtigung einer bestimmten Regierung erhalten.

Abgesehen von dem Gleichheitsargument, welches gewissen Gleichheiten[9] einen Wert, in einigen seiner Varianten sogar übergeordneten Wert, zuschreibt oder als deontologische Imperative setzt, kann Umverteilung auch von instrumentellen Gründen verteidigt werden. Ich schlage vor, den Egalitarismus als Doktrin zu überspringen. Er ist weder gänzlich uninteressant noch ein vollkommen alberner Versuch, Umverteilung zu legitimieren, aber ich habe meinen Teil dazu bei anderen Anlässen gesagt. Bei der jetzigen Gelegenheit beabsichtige ich, allein die instrumentelle oder konsequentialistische Verteidigung zu bedenken. Drei prinzipielle Trade-offs der Form „Umverteilung mag manch Schlechtes bewirken, aber es bewirkt bestimmt mehr Gutes als Schlechtes" bilden ihr Rückgrat.

1. Der „Unterdrückung-des-Trittbrettfahrers"-Trade-off

Das Argument ist, dass wir alle zusammengenommen reich genug sind, um uns um die weniger vom Glück Gesegneten zu kümmern. (Inwiefern die Gemeinschaft als grosse Familie, Gemeinde, Land oder die gesamte Menschheit definiert wird, hat eine gewisse Auswirkung auf die Stärke des Argumentes. Je grösser die Gemeinschaft, desto mehr spricht für die erzwungene Nächstenliebe). Der viktorianische Mühleneigner, so wie er im Buche steht, zermalmte angeblich das Gesicht seiner Arbeiter im Staub, verwendete aber mit zunehmendem Reichtum Teile seines Profites für gute Werke im Mühlendorf und richtete sie bzw. ihre Witwen oder Waisen so wieder auf. Die meisten von uns neigen dazu, Ähnliches zu tun. Wie auch immer, diese Neigung ist zum grossen Teil durch die Versuchung gezügelt, auf der Neigung der anderen Trittbrett zu fahren bzw. durch die uns entrüstende Beobachtung, dass andere, derselben Versuchung erliegend, uns einen „unfairen" Teil der Last tragen lassen. Der Standardauffassung zum Gefangenendilemma folgend sähe es jede wohlhabende Person lieber, dass Armut ohne ihr Zutun gelindert würde, aber jede würde es vorziehen, einen Beitrag zu leisten, wenn es alle täten, als die Armut ungemildert zu sehen. Folglich fänden alle eine Situation vor, in der sie zum Beitrag gezwungen wären, statt eine, in der jede Caritas freiwillig ist.[10]

Caritas ist Gegenstand eines Gefangenendilemmas und erfordert folglich erzwungene Kontribution: Das ist eine These, welche die Schwäche teilt, die allen orthodoxen Theorien der öffentlichen Güter gemein ist, nämlich die Annahme (die normalerweise unausgesprochen bleibt), dass die Wahrscheinlichkeit eines Nutzens

(z. B. Erleichterung der Armut), der von einer gegebenen Kontribution (die z. B. ich gebe oder die mein Club oder Geschäftsverband für Caritas gibt) abhängt, gleich null oder bestenfalls unmerklich klein ist. Damit diese Annahme schlüssig bleibt, müssen andere Bedingungen ebenfalls gelten: Zuerst muss das öffentliche Gut kontinuierlich teilbar sein. Dies ist nicht der Platz für eine vollständige Kritik der Standardthese der öffentlichen Güter, um so weniger als es noch eine andere Stelle gibt, an der die Verteidigung des Umverteilungsfalles gleichermassen angreifbar ist.

Für den Moment wollen wir jedoch einmal zugestehen, dass es in der Tat einen Trade-off zwischen erzwungener Umverteilung und Armutserleichterung gibt. Und weiter wollen wir die Analogie mit dem unbekannten viktorianischen Mühleneigner bedenken. Er zermalmt die Gesichter der Armen. Das beschreibt, wie er sein Geschäft angeht, seine Gewinn- und Verlustrechnung. Er kann und wünscht sich, Armut zu lindern. Dieser Wunsch spiegelt sich in seiner Zueignungsrechnung wider. Wie er seinen Profit auf Reserven, seine persönliche Konsumption und gute Werke verteilt, folgt seiner Entscheidung über Preis, Output, Technik und so weiter. Während die Aneignung des Ergebnisses die Effizienz der Ressourcenverteilung nicht berührt, tun es eben diese Entscheidungen, welche erfordern, dass er, den üblichen Bedingungen des Wettbewerbs und Externalitäten unterworfen, den Profit maximieren sollte.[11]

Wie auch immer, das Verhalten der Gesellschaft unterscheidet sich wesentlich von dem des individuellen Mühleneigners. Der unfreiwillige Beitrag der Gesellschaft zur Caritas ist insofern anders als der freiwillige Beitrag des Mühleneigners, als er, wie jede andere Steuer (die legendäre, eher Yeti gleiche Pauschalsummen-Steuer ausgenommen), Belohnungen und Kosten im Grenzbereich beeinflusst. Er ist vermeidbar, falls die entsprechende ökonomische Aktivität vermieden wird. Er wirkt sich sozusagen auf die Gewinn- und Verlustrechnung von Personen aus, statt auf die Aneignung dessen, was sie verdient haben. Man kann schwerlich den Anspruch aufrechterhalten (falls er erhoben würde), dass angesichts einer Anhebung der Steuer auf Faktoreinkommen, oder auch diesbezüglich eine Anhebung anderer Steuern, die betriebswirtschaftliche Effizienz erhalten bliebe. Folglich: Einen vorzuziehenden Trade-off abzuleiten, erzählt nur die Hälfte der Geschichte. Trittbrettfahren unterdrücken wollen impliziert, dass die Menschen lieber zum Geben gezwungen werden. Mithin erhält das Schlechte die Absolution, während das Gute der Armutserleichterung bleibt. Die unerzählte andere Hälfte mag die Waage brutal zum Kippen bringen.

2. DER „KOMMUTATIVE-GEGEN-DISTRIBRATIVE-GERECHTIGKEIT"-TRADE-OFF

Jedermanns rechtmässiges Eigentum an Vermögenswerten und Einkommen zu schützen, ist eine Forderung der kommutativen (ausgleichenden) Gerechtigkeit; Umverteilung läuft auf die Aufhebung dieser Forderung hinaus.

Befürworter der Umverteilung kontern mit der Behauptung, dass es die Forderung der ausgleichenden Gerechtigkeit falsch darlege und die Forderung der distributiven (austeilenden) Gerechtigkeit ignoriere. Das diesbezügliche Argument hängt hauptsächlich von den Ideen eines herrenlosen, in Hülle und Fülle positive Externalitäten ausschüttenden Reichtumspools ab.

Das gegenwärtige von den Mitgliedern der Gesellschaft produzierte und genossene Einkommen, so wird gesagt, sei zum grossen Teil ein angefüllter Pool aus greifbarem und ungreifbarem Wohlstand. Er ist Ihrer genausowenig wie meiner. Er enthält die dauerhaften Ergebnisse der gesellschaftlichen Zusammenarbeit seit Menschengedenken. Die individuelle Produktivität schuldet diesem Pool genausoviel oder gar noch mehr als den Anstrengungen des Produzenten (Feinberg 1984, S. 16).[12] Diese Ansicht ist verführerisch plausibel und eignet sich für eloquente Formulierungen:

„... Produkte sind nicht mehr einfach mein Werk oder gehören dir, mir, ihm und ihr in identifizierbaren Proportionen. Die Gesellschaft leistet nun ihren eigenen wichtigen Beitrag; die Tradition ebenfalls. Nicht einmal die Produkte des Denkens bewahren viel Reinheit. Ein Forscher der Medizin mag eine Entdeckung von grossem kommerziellen Wert machen. Er mag furchtbar hart gearbeitet haben, um es zustande zu bringen. Aber wenn schon, wer hat ihn trainiert? Wer hat die Angelegenheit bis zu dem Punkt gebracht, an dem die Entdeckung möglich wurde? Wer hat das Labor errichtet, in dem er gearbeitet hat? Wer unterhält es? Wer bezahlt für es? Wer ist für die bestehenden sozialen Institutionen verantwortlich, welche die kommerziellen Möglichkeiten bereitstellen? jemand, der das soziale Rahmenwerk geschickt ausnutzt, hat sowohl seinem Geschick als auch dem Rahmenwerk zu danken" (Griffin 1986, S. 288).

Diese Argumentationslinie soll mit Nachdruck nahelegen, dass die ausgleichende Gerechtigkeit dem Produzenten eigentlich kein Eigentum an den Produkten verleihe. Die riesige Bedeutung des „Reichtumspools" vorausgesetzt, hebt das Argument an, zu zeigen, dass die Regel der ausgleichenden Gerechtigkeit, welche in dem Trade-off leidet, tatsächlich schlecht begründet und unpassend ist, nicht wert, eine Träne darüber zu vergiessen. Wir mögen nicht genau wissen, welchen Teil der gegenwärtigen Produktion wir den von ihren Produzenten auf sich genommenen Opportunitätskosten verdanken und welcher Teil den allgemeinen sozialen und ökonomischen Bedingungen zuzuschreiben ist, die bildlich in den „Reichtumspool" eingebaut sind. Sehr wahrscheinlich können die entsprechenden Teile nicht „gewusst" werden, sondern müssen durch den politischen Prozess, der die austeilende Gerechtigkeit verwaltet, entschieden werden.

Ich weiss von keinem Autor, der dieses Argument zur Verteidigung der Umverteilung gänzlich vorbringt. Wie dem auch sei, viele nutzen verschiedene Aspekte davon. Dies erleichtert zumindest implizit Schlussfolgerungen, die auf andere Weise nur sehr schwer aufrechtzuerhalten wären. Diese sind einige der besten Beispiele:

- Enteignung ohne Kompensation ist nicht, aber Besteuerung ist vollkommen mit der Achtung vor Eigentumsrechten konsistent.
- Eigentumsrechte sind nicht absolut, sondern durch alle anderen Interessen begrenzt, welche die Gesellschaft zu wahren entscheidet. Es ist die Gesellschaft, die Recht und Ordnung aufrechterhält und Eigentumsrechte durchsetzt, was auf solche Rechte hinausläuft, die durch die Gesellschaft tatsächlich verliehen werden; nach ihrer Durchsetzung gegen die Gesellschaft selbst zu verlangen, ist eine Absurdität.[13]
- Verteilungsgerechtigkeit muss an einer Grundlinie beginnen, die von moralisch willkürlichen Eigentumsansprüchen, die angeblich von ursprünglichen Begabungen und nachfolgenden vertraglichen Erwerbungen herrühren, unbelastet ist.
- Die Verteilungsergebnisse aus Prozessen des freiwilligen Tausches sind wegen des notorischen Versagens der Märkte, Externalitäten zu internalisieren, illegitim.

Die letzte der aus der Idee eines herrenlosen Reichtumspools stammende Ableitung kommt der Sache am nächsten. Die anderen sind hauptsächlich überflüssige Beteuerungen oder leere Worthülsen, aber das Externalitätsargument sieht so aus, als hätte es eine gewisse Kernsubstanz, die einer Analyse zugänglich ist. Die gesamte Reichtumspool-Verteidigungslinie greift man am besten an, indem man es attackiert.

Als Ausgangspunkt gilt mir, dass eine Externalität eine für eine dritte Partei gute oder schlechte Konsequenz ist, wenn sie der Ausführung eines Vertrages zweier Parteien (oder, was weniger typisch ist, allein aufgrund der Ausübung unilateralen Aktes) erwächst. Die Freiwilligkeit des Vertrages impliziert, sofern angemessen definiert, dass jede Vertragspartei das erhält, was sie als hinreichende Erfüllung ihrer Vertragsseite betrachtet. Das Gut oder Übel der dritten Partei ist kein Teil der Anreize oder Abschreckungen, welche zum Vertrag und seiner Ausführung motivieren. Die Parteien würden genau dasselbe tun, auch wenn es weder Gut noch Übel für eine beliebige dritte Partei gäbe. Es ist diese Beschränkung, welche den Namen „Externalität" angebracht sein lässt.

Die Angemessenheit dieser Überlegung, nämlich dass jede Vertragspartei einen ausreichenden Gegenwert für den Wert gibt, den sie erhält, hat entscheidende Bedeutung. Aufgrund des Prinzips „ne bis in idem"[14] steht der Drittempfänger einer positiven Externalität unter keiner Verpflichtung, die Verursacher in der einen oder anderen Form zu belohnen oder zu kompensieren. Falls die „Gesellschaft" oder vergangene Generationen diese positive Externalität verursacht haben, schulden ihre Empfänger der „Gesellschaft" oder den heutigen Erben der vergangenen Generationen nichts. Wer immer sie geschaffen hat, ist bereits voll bezahlt worden.

Zweitens, nach meinem Verständnis verweist die „herrenlose Pool"-Verteidigung der Umverteilung nicht auf ein, sondern auf zwei unterschiedlich behauptete, umverteilbare Pools. Einer ist die positive „Summe" ursprünglich unbeabsichtigter Externalitäten, die von solch nützlichen Kooperationsprozessen generiert werden wie die Produktion von Gütern, Wissen oder Konventionen, welche wiederum die sie verursachenden gesellschaftlichen Kooperationen zusätzlich erleichtern. Der andere Pool ist die „Summe" staatlicher (oder parastaatlicher) Dienstleistungen, eine öffentliche Infrastruktur, die Durchsetzung von Recht und Verträgen und (möglicherweise) Dienstleistungen in den Bereichen „Sozial"versicherung, Gesundheit und Erziehung. Metaphorisch betrachtet werden diese Dinge durch die Umsetzung eines Quasi-Vertrages zwischen Staat und Steuerzahler bereitgestellt. Entspräche diese Metapher der Wirklichkeit, dann könnten die nützlichen Effekte dieser Dienstleistungen über den Nutzen hinaus, den die Steuerzahler für sich „gekauft" haben, als eine positive Externalität für die Nichtsteuerzahler durchgehen. Auf „ne bis in idem" berufend, hätten die Steuerzahler keinen Anspruch auf umverteilende Kompensation von den Nichtsteuerzahlen. Warum jemand denken sollte, dass Kompensation in der entgegengesetzten Richtung fällig sein mag, nämlich von Steuerzahlern, welche die nützliche Externalität bereitstellen, zu den Nichtsteuerzahlern, die sie erhalten (das ist für gewöhnlich die Richtung der meisten umverteilenden Vorschläge), ist ein Rätsel, über das zu sinnieren ich dem geneigten Leser überlasse.

Wenn allerdings das Bild vom Staat, der mit dem Steuerzahler paktiert, um Dienstleistungen zu liefern, als Erklärung dafür, wie es zum Bezahlen des sozialen Rahmenwerks kam, nicht akzeptiert wird, dann ist „ne bis in idem" auch nicht anwendbar. Es mag sein, auch wenn wir das nicht sicher sagen können, dass die Steuerzahler dabei schlecht behandelt wurden. Denn falls es keinen freiwilligen Vertrag gab, sondern statt dessen eine Kaufpflicht für staatliche Dienstleistungen, dürften sie zum Überbezahlen bewegt worden sein. Einen Teil der Steuern haben sie zu ihrem eigenen Nutzen gezahlt, einen zusätzlichen zum Nutzen der Nichtsteuerzahler. Dann ist Kompensation der Steuerzahler durch die Nichtsteuerzahler fällig – platter gesagt: Der Reichen durch die Armen. Wir können sicher sein, dass auch dieser Vorschlag von den Protagonisten des „Wohlstandpools", die der darin enthaltenen regressiven Umverteilung flugs den Rücken kehren würden, abgestritten und heftig zurückgewiesen würde.

Es läuft darauf hinaus, dass es analytisch zwei „Pools" zu geben scheint - einen infolge freiwilliger Tauschakte, der andere infolge der Ausübung politischer Macht - die um des Argumentes willen verschmolzen werden können. Der verbleibende gemeinschaftliche Pool ist ohne Eigentümer. Für gewöhnlich zieht die Entstehung privater Güter die Entstehung von Eigentumsrechten an diesen nach sich. Im Gegensatz dazu werden Externalitäten nicht vom individuellen Faktoreigner erworben, wenn und falls sie überhaupt hervorgehen. Die „Gesellschaft" besitzt deren vermeintlichen Pool nicht mehr als die einzelnen Individuen. Wie auch immer, der spätere, im Verlaufe ihres Erwerbslebens vorgenommene, wissentliche oder unwissentliche Griff in den Pool strengt an. Wenn die Externalität, welche das Einkommen einer Person erhöht, oder allgemeiner gesagt, deren gesamtes Wohlergehen, „nicht überstrapaziert" („uncrowded") ist (um die Sprache der öffentlichen Güter zu gebrauchen), dann gibt es eine enge Analogie zur Lockeschen Idee der gerechten, ursprünglichen Aneignung: Es gibt „genug und gleich gutes für andere" (oder auf jeden Fall für die nächste Person, um die es hier letztlich geht).

Der Gebrauch von Wissen, das sich in der Öffentlichkeit findet, ist eine reinere Illustration des Prinzips des „nicht überstrapazierten" Öffentlichen Guts als Lockes Besitznahme jungfräulichen Landes. Wenn Sie sich aufmachen und ein Stück nützlicher Information in der Öffentlichen Bibliothek nachschlagen, schmälern Sie nicht das Ausmass nützlicher Information, die jedermann finden kann, der sich die gleiche Mühe macht. (Es mag dessen Nutzen einschränken, wenn die Bedingung der „Nicht-Überstrapazierung" nicht standhält, d. h., wenn Ihr Nutzen von der Information den Nutzen, welchen die nächste Person aus dieser ziehen kann, schmälert). Die Einlösung der Lockeschen Bedingung ist ganz im Sinne der egalitären Vorannahme, dass der bevorzugte Zustand aus den Ergebnissen hervorgeht, bei denen niemand mehr gewinnt als irgendein anderer, weil der, der zuerst kommt, genug und gleich Gutes für den hinterlässt, der als zweiter kommt. Aber mehr tut die Bedingung nicht. Sie wird eine Erfordernis der Gerechtigkeit nur wegen dieser egalitären Forderung, der erst noch zuzustimmen ist, und es gibt keinen zwingenden Grund, warum man dies annehmen sollte.

Falls man es nicht annimmt, dann gilt das, was für „nicht überstrapazierte" Externalitäten gilt, nicht mehr und nicht weniger auch für Externalitäten, die „überstrapaziert" werden. Der einzige Grund, aus dem heraus jemand („die Gesellschaft"?) ein Recht ableiten kann, den frühen Vogel davon abzuhalten, den Wurm (oder den fettesten von vielen Würmern) zu fangen, den, der zuerst kommt, davon abzuhalten, das meiste zu gewinnen, die Konsequenzen von Wachsamkeit und vor allem Glück zu ächten, verschleiert die Frage, warum ungleiche Nutzen, um toleriert zu werden, einer besonderen Rechtfertigung bedürfen oder, wenn sie das nicht tun, umverteilt werden sollen. Nicht jeder würde dieses Recht einräumen und sich der entsprechenden Verpflichtung beugen, ungleiche Gewinne aufzugeben, und viele tun dies in der Tat nicht. Bis nicht alle es tun und die Lockesche Bedingung als selbstredendes Grundprinzip anerkannt ist - was weder sehr wahrscheinlich noch, wie ich denke, wünschenswert ist -, kann die Aneignung herrenloser Güter nur durch die schon immer dagewesene gesellschaftliche Konvention „wer zuerst kommt, mahlt zuerst" gesteuert werden. Es ist die Aufhebung dieses Prinzips, die durch bestimmte Gründe gerechtfertigt sein muss (ein Notfall, die bittere Not der Zuspätgekommenen), nicht dessen Anwendung. In Abwesenheit solcher Aufhebungsgründe, gehört dem eine Sache, der sie findet, ungeachtet dessen, ob genug oder gleich Gutes für andere Sucher oder auch Nicht-Sucher übrig bleibt. Selbst wenn der „Reichtumspool", durch die Leute, die sich dort selbst bedienen, verkleinert würde, würde nichts von dem Umstand, dass eine Externalität eine Externalität ist, der Umverteilung eines Nutzens, nachdem er einmal vom Finder vereinnahmt ist, zu mehr Legitimität verhelfen.

Daher kommt es, dass, unter der Annahme eines gefüllten Pools an geschätzten Externalitäten, von den entsprechenden Prozessen der Produktion und des Tausches, welche durch Leute bereichert werden, die sich selbst aus dem Pool bedienen und ihn auf diese Weise entleeren, ebenso angenommen werden muss, dass sie den

Pool mit geschätzten Externalitäten wieder auffüllen, die sie hervorbringen. Denn wenn vergangene gesellschaftliche Zusammenarbeit einige die Gegenwart bereichernde Externalitäten hinterliess, warum sollten wir dann nicht annehmen, dass die gegenwärtige Zusammenarbeit in gleicher Weise die Zukunft bereichert? - auch wenn immer noch Raum bleiben dürfte für die nachgeordnete Frage, ob die Gegenwart genug für die Zukunft tue.

Ich glaube keineswegs, dass man dies als das letzte Wort in der Sache ansehen sollte. Das entscheidende Argument ist sicherlich, dass gute Externalitäten, genaugenommen niemandem geschuldet werden, weil die Handlungen, welche sie hervorgebracht haben, bereits vollständig entlohnt wurden und nicht nach erneuter Entlohnung rufen. Dies gilt genau so sehr oder wenig, wenn wir den unwissentlichen Wohltäter nicht identifizieren können. Externalitäten, die nicht sozusagen bis auf irgend jemandes Handlung zurückverfolgt werden können, stürzen uns nicht mehr in Schuld gegenüber der „Gesellschaft", als die Externalitäten, die bestimmten Personen untergeschoben werden könnten, uns diesen Personen gegenüber schuldig machen. Egal woher sie kommen, sie gehören erst dann jemandem, wenn er sie vereinnahmt hat. Die rechtmässigen Eigentümer sind solche, die es, gleich welcher Verbindung von Glück und Verdienst, schaffen, sie zu vereinnahmen. Dennoch ist es vielleicht angenehm, sich zu vergegenwärtigen, dass „wer zuerst kommt, mahlt zuerst" nicht einschliessen muss und es wahrscheinlich auch nicht tut, dass die später Kommenden einen ausgetrockneten Pool vorfänden.

3. Der Trade-off zwischen den „kapitalistischen Eigentumsrechten und dem sozialen Frieden"

Es ist eine beachtlich weitverbreitete, auf Marx zurückgehende, aber heute meist von Anti-Marxisten vertretene Annahme, dass die Umverteilung von den Reichen zu den Armen den Reichen helfe. Sie gäben einiges von dem, was sie haben, auf und kauften sich davon sicheren Besitz und Freude am Rest. Wie wir wissen, nahm Marx diesen Trade-off so ernst, dass er letztlich die revisionistischen Sozialisten und alle Förderer „sozialer Reformen" als die schlimmsten „objektiven" Feinde der Arbeiterklasse betrachtete, weil jener Erfolg, den sie hatten, „notwendig" die totale Enteignung des Kapitals durch das Proletariat verzögerte (auch wenn dieser, glücklicherweise, sie nicht ganz verhindern konnte). Kapitalisten sind, jeder für sich genommen, nicht in der Lage, auf den Trade-off Einfluss zu nehmen, egal wieviel sie davon profitieren würden. Verklärt sah Marx, was spätere Marxisten klarer sahen: Dass man einen „Konstruktionsfehler" eingesteht, wenn man annimmt, dass individuelle Kapitalisten für gewöhnlich in ihrem Klasseninteresse handelten. Wie auch immer, ein umverteilender Staat, der einen Teil ihres Geldes nähme und den Arbeitern gäbe, zwänge sie zu ihrem eigenen Besten. Es ist ja auch recht plausibel, in Bismarcks „sozialer" Gesetzgebung den Staat die Rolle spielen zu sehen, die ihm in marxistischen Überlieferungen zugeschrieben wird. Der Charme dieses speziellen Kapitels der Geschichte ist, dass selbst wenn Bismarck ihnen „objektiv" gedient hätte, ihm an den kapitalistischen Interessen am wenigsten gelegen war.

Gewisse Ausformungen der Hypothese, dass die Bessergestellten mit der Aufgabe eines Teils ihrer von Natur aus bestehenden Vorteile eine günstige Verhaltensänderung bei den Schlechtergestellten kaufen könnten, liegen einer nicht-marxistischen Haltung der modernen Gesellschaftstheorie (wenn auch nicht dem Hobbesschen Ursprung) zugrunde. In Buchanans Version (1975) ist das Umverteilungsgeschäft die Gleichgewichtslösung eines Spiels, die andere Lösungen überragt, welche aufgrund von Mehrkosten für den Schutz ungleich verteilten Eigentums sich für reich und arm weniger auszahlen. Es ist möglich, auch wenn ich unsicher bin, ob man es sollte, in Gauthiers Version (Gauthier 1986; Gauthier und Sugden 1993), insbesondere in die Idee des „minimax relativen

Zugeständnisses" einen vergleichbaren Handel hineinzulesen. Rawls, wie sollte es auch anders sein, erzielt eine bestimmte gerechte Verteilung durch ein Übereinkommen unter Personen, die sich jeglicher relevanter Unterschiede untereinander nicht bewusst sind. Das ist konsequenterweise kein Geschäft zwischen reich und arm, weil die Verteilung von ihnen beschlossen wird, wenn niemand weiss, ob er eher reich oder arm werden wird. Nichtsdestoweniger dringt der Glaube, dass die Befriedigung der Erfordernisse austeilender Gerechtigkeit „Bereitwilligkeit" zur gesellschaftlichen Kooperation hervorbringe, durch die weniger formalen Teile seines Textes. Wahrlich, sobald das Rawlssche Differenzprinzip in Kraft gesetzt ist, haben die weniger Privilegierten nichts mehr von den mehr Privilegierten zu gewinnen. Dann aber gewinnen vermutlich einige mehr von der Natur, weil alle in Arten und Weisen „bereitwilliger" kooperieren, die wir uns bestenfalls in unserer Phantasie ausmalen können.

Niemand hat, soviel ich weiss, erklärt, warum Umverteilung, die weit vor der strikten, universalen Gleichheit haltmacht, die weniger Privilegierten befrieden soll, wenn diese nicht von Anfang an beschwichtigt sind. Wenn die Geschichte eines lehrt, dann das Gegenteil. Öfter als umgekehrt haben Zugeständnisse die Empfänger, die merkten, dass die andere Partei in die Enge getrieben wurde, angespornt, mehr Zugeständnisse zu verlangen. Wenn dies nicht so wäre, würden sich Konzessionen nicht immer wieder als „zu klein, zu spät" entpuppen. Für gewöhnlich folgt vollständiges Scheitern beim Verhandeln (können wir sagen „es wird hervorgebracht"?), sei es in Sackgassen oder Revolutionen, nicht von Anfang an an unnachgiebigem Widerstand, sondern einer Serie von stückweisen Zugeständnissen, die plötzlich aufhören. Das bisschen, was wir von Revolutionen wissen, legt nicht nahe, dass Verteilungskonflikte und Klassenkonflikte am besten im Sinne von Geschäftsverhandlungen verstanden werden, wie es das Instrumentarium der Ökonomen durch eine Pareto-superiore Vertragskurve wiedergibt.[15]

Sozialismus

So ist eine hochentwickelte Theorie, geziemt verwässert, angemessen in die Tiefen populärer Soziologie und politischer Anwaltschaft eingesickert. Es ist derzeit gängige Weisheit, dass der Kapitalismus irgendwann zwischen den beiden Kriegen vom Staat gerettet wurde, in dem dieser neue Regulierungskräfte durchgesetzt hat, neue Regeln zur Zügelung der Vertragsfreiheit, neues Wissen, um die Wirtschaft auf einem sanfteren Kurs zu halten und die „wilden Auswüchse" des freien Unternehmertums zu verhindern. Der Kapitalismus wurde ein zweites Mal gerettet, sogar noch entschiedener, indem der Staat die Verteilung des Wohlstandes und des Einkommens zunehmend formte und sich mit den Vorstellungen der Gerechtigkeit gutstellte, zu denen sich die demokratischen Mehrheiten bekennen. Dies hat zumindest einmal angefangen, den Besitzlosen die materielle Sicherheit zu geben, welche sicherzustellen der kapitalistischen Wirtschaft trotz ihrer bekannten Effizienz misslang. Die angebliche Rettung, welche den Kapitalismus trotz seiner selbst vom Wege der Selbstzerstörung abbrachte, wurde geplant von all den Keynes, Laskis, Beveridges und Attlees im Grossbritannien der Zeit nach der Weltwirtschaftskrise, von den New Dealers, von den Sozialdemokraten im deutschsprachigen und skandinavischen Europa, von Gewerkschaftern und Intellektuellen überall in der Welt, die den Kapitalismus nicht nur trotz seiner selbst, sondern auch wider den eigenen Willen gerettet haben.

Es ist nun unerlässlich zu meinen, dass die von ihnen zur Mode gemachte Gesellschaft „pluralistisch" sei, die den Ausgleich aller legitimen Interessen reflektiere, statt nur einem freie Zügel zu lassen, die Schwachen schütze, Neid und Groll mässige und die Prinzipien der Gerechtigkeit und Solidarität aufrechterhalte, wenn diesen Prinzipien drohe, von den „blinden Kräften des Marktes" erschlagen zu werden. Indem sie all dies und noch mehr tut, bewegt sich die „postindustrielle" Gesellschaft angeblich auf einen grossen Kompromiss zwischen Effizienz und Egalität zu.

Ein System, das die Effizienz maximiere, würde unter dem Druck sozialer Unzufriedenheit, das es nun mal produziere, kollabieren. Die teilweise Opferung erkauft ihr Überleben.[16]

Die deutsche Theorie der sozialen Marktwirtschaft geht in einer Hinsicht sogar weiter als jede der vorher betrachteten Theorien eines „Gesellschaftvertrages mit umverteilendem Trade-off". Was die Theorie wirklich sagt, ist nicht leicht auf den Punkt zu bringen. Ludwig Erhard sah es so, dass eine solche Theorie (und ein solches Ding) faktisch nicht existierten. Das Zusammenfügen der Wörter „sozial" und „Marktwirtschaft" war lediglich ein „harmloser Pleonasmus"[17], der die Reform von 1948 versöhnlich, unbedrohlich, politisch weniger umstritten erscheinen liess. Trotz alledem betrachtete Ludwig von Mises (1966, S. 723) sie als schlecht getarnten Sozialismus, was, mag dies sein, wie es will, einen wiederum zu der Frage bewegt: Wie lange ist ein Stück Schnur? Wie auch immer, was uns nun interessiert, ist, dass einige Anhänger der Theorie (angenommen, es gebe eine, ohne Erhard zu nahe treten zu wollen) die Not eines Trade-offs zwischen Effizienz und sozialer Gerechtigkeit oder zumindest sozialer Beschwichtigung leugnen. Umverteilung erzeugt, wie Rawls meinen würde, mehr Bereitwilligkeit zur Zusammenarbeit. Es befriedet Zwietracht und stiftet allgemeine Zustimmung (Starbatty 1993, S. 24). Während der ca. drei Jahrzehnte wirtschaftlichen Erfolgs im Nachkriegsdeutschland haben viele in der Tat gedacht, der knospende Wohlfahrtsstaat habe zur Effizienz beigetragen, statt sie zu behindern.

Falls Umverteilung mehr Zusammenarbeit, Zustimmung und Einigkeit produziert, dann müssen diese Dinge in bare Münze für bessere industrielle Verhältnisse, einfacheres Management, weniger bläuen und krankfeiern, eine bessere Arbeitsethik usw. umgewandelt werden, um die Effizienz zu erhöhen. Sie müssen sie wahrlich ausreichend erhöhen, um den hemmenden Einfluss auszugleichen, den die Umverteilung durch das Durcheinanderbringen der jeweiligen Faktoreinkommen, die nach den Regeln des Eigentums einzig und allein mit der effizienten Faktorallokation verträglich wären, auf sie ausübt.

Weil die sozialpsychologische Annahme, dass Arbeiter besser arbeiten und Manager besser managen würden, falls genug Umverteilung stattfände, aus nichts folgt, das wir über die Natur des Menschen wissen, kann nichts sie aufrechterhalten, solange nicht andere empirische Anhaltspunkte es tun. Wie auch immer, für die, welche die industriellen Verhältnisse im Grossbritannien vor Thatcher nach Jahrzehnten intensivierter Umverteilung erlebt haben, Blaumachen und vorgetäuschte Arbeitsunfähigkeit in Holland in den 70er und 80er Jahren, den Zusammenbruch des „Schwedischen Modells" in den späten 80ern, das Verschlingen der öffentlichen Finanzen durch den Wohlfahrtsstaat, die schliesslich drohende Gefahr des Untergangs in der öffentlichen Verschuldungsfalle in Belgien, Italien, Griechenland, Spanien, Kanada und, mit geringerem Ausmass, in den USA: Für jene, die Zeugen dieser traurigen Symptome sind, klingt die Idee, Effizienz mit Umverteilung zu erkaufen, wie schwarzer Humor.

Sobald die Demokratie als Hauptmethode gesellschaftlicher Entscheidungen überall eingeführt ist und die Regel befolgt wird, dass über Entscheidungen abgestimmt wird und keine Stimme mehr zählt als jede andere, weder mit Rücksicht auf Qualität, Wohlstand, Intensität des Anliegens und Vorlieben bestimmter Wähler noch auf den Beitrag, den jeder zum Wohlergehen der anderen leistet, wird die Politik zunehmend umverteilender.[18] Darüber hinaus verlangen Stabilitätsbedingungen einer demokratisch veränderten Verteilung sehr viel und können entweder erfüllt werden oder nicht. Weitere Umverteilung kann provoziert werden. Dies ist eine nahezu mechanische Implikation des bestehenden Kegelsystems gesellschaftlicher Entscheidungen und hat nichts mit irgendeinem grossen Handel zu tun, bei dem die wenigen Reichen Lösegeld an die Masse der Armen zahlt, um die Erhaltung des Kapitalismus zu gestatten. Nichts beweist, dass es jemals einen solchen impliziten Handel gegeben hat oder dass ihn abzuschliessen eine Gleichgewichtslösung wäre, welche repräsentiere, dass die beste Strategie einer jeden Partei mit der besten Strategie der anderen verträglich sei.

III

Praktisch veranlagte Menschen mögen, nicht weniger als ethische Puristen, die in den letzten beiden vorangegangenen Abschnitten betrachtete Art der Umverteilungspolemik einfach beiseite rükken. Für Pragmatisten gehört der Wohlfahrtsstaat zum modernen Leben. Es ist undenkbar, ihn mit den in der herkömmlichen Politik vorhandenen Mitteln „umzukehren". Allerdings dürften aussergewöhnliche Mittel ihn in einer anderen Form beenden. Sie würden weiss Gott etwas an seine Stelle setzen. Für Moralisten kann man den Umverteilungs-Status-quo nicht ungeschehen machen, ohne dessen Nutzniesser ihrer erworbenen Ansprüche zu berauben. Selbst wenn es wahr wäre, dass eine von umverteilenden Verzerrungen freie Wirtschaft Pareto-superior ist, könnte dies nicht ohne Durchführung des Experiments bewiesen werden. Die Träger der Ansprüche gäben ihre Rechte nicht freiwillig ab und verböten das Experiment, falls sie keine Zusicherung hätten, nachher nicht schlechter dazustehen - eine Zusicherung, die, sofern gegeben, nicht glaubhaft sein dürfte und, falls sie geglaubt würde, wohl nicht eingelöst würde. Die Abschaffung der Umverteilung hätte nahezu sicher in einer wohl rechtsverletzenden Art stattzufinden, welche eben jener Bedingung der Pareto-Superiorität[19] widerspräche, die zu erfüllen ihr Zweck gewesen wäre.

Sowohl die politische wie auch die ethische Position, es auf sich beruhen zu lassen und sich durchzuwursteln, sind stark. Ich z. B. erachte sie für stärker als irgendeines der Umverteilungsplädoyers, die bislang in diesem Aufsatz erörtert wurden. Eine Bedingung würde beiden dennoch viel von ihrer Kraft rauben: Wenn sich nämlich herausstellte, dass der Status-quo auf Dauer tatsächlich unhaltbar ist. Es gibt Anzeichen dafür, dass er in der Tat unhaltbar ist. Und das heisst annehmen, dass Kriminalität, Schwangerschaft von Teenagern, Familien mit einem Alleinerziehenden, das Versagen staatlicher Erziehung, endemische Haushaltsdefizite und der Rest der Litanei in entscheidendem Masse dem Umverteilungstaat zuzuschreiben sind. Wie auch immer, einfach gesagt: Niemand könnte dies jenen schlüssig beweisen, die nicht aktiv wünschen, überzeugt zu werden. Die Zuschreibung ist eine empirische Angelegenheit, und die zur Debatte stehenden Tatsachen erlauben beliebig viele Interpretationen. Das Ziel dieses Abschnittes ist, ein anderes Anzeichen zu wählen, um die chronische und offensichtlich wachsende Langzeitarbeitslosigkeit und ihr kausales Verhältnis zur Umverteilung in einer Art zu umreissen, die sie so weit wie möglich für rein formale, nicht-empirische Kritik öffnet. Dieser Umriss enthält ein weitgehend deduktives Argument, dessen Prämissen, denke ich, die meisten ausgebildeten Ökonomen ziemlich ansprechend fänden.

Die erste Prämisse ist, dass die Nachfrage nach Arbeit eine absteigende und deren Angebot eine Wachstumsfunktion der Lohnrate ist oder, als Zugeständnis an den Realismus, des Spektrums der Lohnraten. In einem weiteren Schritt zum Realismus können wir die Arbeitsnachfrage auch in Abhängigkeit zu den Lohnzusatzkosten setzen und die Nachfrage in Abhängigkeit zum Lohnzusatznutzen, welcher der Beschäftigung anhängt. Lassen Sie uns nun Umverteilung einführen.

Wie kann die politische Führung, die im Auftrag der Gesellschaft handelt, Umverteilung in einer vereinfachten Zwei-Faktor-Ökonomie einbauen, in der das Kapital den Arbeitgebern gehört, die Arbeit den Arbeitnehmern, alles Einkommen Faktoreinkommen ist, die Renten vernachlässigbar sind und Vollbeschäftigung herrscht? Angenommen, die Arbeitgeber hätten eine zu ihrem Einkommen proportionale Steuer zu zahlen. Kurzfristig und vor jeder Kapital-Arbeit-Anpassung ist diese Steuer zufällig auch proportional zur Arbeit, die sie einführen. Sie funktioniert, wie eine Steuer auf Arbeit funktionieren würde und schlägt voll auf die Lohnzusatzkosten. Denken wir uns dennoch die Steuererträge als Unterstützung, die dem Arbeitnehmer proportional zu seinem Einkommen ausgehändigt wird. Diese werden ihrem Lohn denselben Lohnzusatznutzen zuführen wie die Lohnzusatzkosten, welche die Steuern auf die Arbeitgeberlohnkosten schlagen. Die Unterstützung ist also ein Gegenbild der Steuer. Ihr beider Effekt ist, dass die Arbeitsnachfrage sich im Sinne der üblichen Diagramme nach links verschöbe, ihr Angebot weiter nach rechts. Dennoch, die beiden Verschiebungen, die mit den hinzugefügten Lohnzusatzkosten respektive Lohnzusatznutzen korrespondieren, wiegen sich gegenseitig vollständig auf. Die Arbeitskosten, das Einkommen durch Arbeit, die Beschäftigungsrate und die gesamten Faktoreinkommen, alle bleiben konstant. Der Umverteilungsversuch ist nichtig, nichts ändert sich.

Nun wollen wir den Umverteilungsversuch eine andere Form annehmen lassen, wobei die Steuern bleiben wie gehabt, aber der Lohnzusatznutzen nicht als Geldtransfer, sondern als Gütergeschenk gegeben wird. Das klassische Umverteilungsgut ist „Sicherheit", eingebettet in einem Bündel „sozialer" Versicherungspolicen zum Nutzen der Arbeitnehmer, wobei die Prämien direkt von den Arbeitgebern oder von der Regierung aus deren Steuern bezahlt werden. Die Policen schützen gegen Risiken wie Erkrankung, Arbeitslosigkeit, Mittellosigkeit im Alter und vergleichbare Widrigkeiten. Wie bewertet ein Arbeitnehmer diesen Lohnzusatznutzen?

Soweit er „Schutz" gegen einige dieser Risiken bereits privat gekauft hat, kann er seine privaten Policen auslaufen lassen. Die vom Arbeitgeber bezahlte Versicherung ist ein vollständiger Ersatz und der Grenzwert des Versicherten ist der Versicherungsbeitrag, den er für seine private Versicherung nicht mehr länger zahlen muss.

In Abhängigkeit von der verhältnismässigen Effizienz der beiden Wege, Versicherung bereitzustellen und der versicherungsmathematischen Verlusterwartung zwischen privatem und öffentlichem Versicherungsplan (die wahrscheinlich differieren, vor allem wenn der öffentliche Plan nicht nach Risikoqualität diskriminiert, sondern eine uniforme Deckung für eine Standardprämie anbietet), mag die private Prämie entweder unter oder über den Kosten der öffentlichen Versicherung liegen, und das wird auch der Wert der letzteren für den Arbeiter tun, der ein Käufer privater Versicherung war. Wir dürfen allerdings als nächstes annehmen, dass ein beträchtlicher Teil der Arbeiter keine Käufer privater Versicherungen waren, jedenfalls nicht gegen alle ihre „sozialen" Risiken. Dies ist sogar ein prinzipieller Grund, ihnen öffentlichen Versicherungsschutz in Form eines alles einschliessenden unfreiwilligen Programms, das sie nicht kündigen können, zu geben. Es ist dieser Arbeitnehmeranteil, dessen subjektive Einschätzung der sozialen Sicherheit uns im folgenden beschäftigen wird.

Es ist verführerisch zu sagen, dass der Wert eines Gutes für den Empfänger, der, wenn er es zu kaufen gehabt hätte, es nicht erworben hätte, geringer sei als sein Geldwert. Dies ist, wie wir wissen, die ökonomische Begründung für die langjährige gesetzliche Verurteilung von „Naturalien"; der anderen Form der Lohnzahlung, welche in einem vollkommenen Markt für das Lohngut den Arbeitgeber mehr kosten würde, als es dem Arbeitnehmer wert wäre.[20] Dem entgegen steht die gleichermassen altehrwürdige Ansicht, dass die Präferenzordnung der sorglosen Armen und, in einer selbstsicheren Version des Paternalismus, aller übrigen ein irreleitender Führer für den Beitrag sei, den verschiedene Güter zu deren Wohlstand leisten. Konsequenterweise sind meritorische Güter ihnen mehr wert, als sie kosten. Auch ohne Annahme dieser paternalistischen Position mag man durchaus die Möglichkeit, wenn nicht gar die Wahrscheinlichkeit, einräumen, dass die öffentliche Bereitstellung von Sicherheit von einigen Unversicherten und Unterversicherten als ihren Preis wert angesehen wird, auch wenn sie das für eine vergleichbare private Versicherung nicht tun. Jene unversicherten Arbeiter, die so denken, dürften in der Tat die Sozialversicherung dem Geld vorziehen. Die Erkenntnis ihrer eigenen Willensschwäche - „Pflichtversicherung ist ihr Geld wert, weil ich das Geld, wenn ich es an ihrer Stelle hätte, für Bier und Wettrennen einfach auf den Kopf hauen würde", mag ein Grund sein, und es mag unzählige andere geben, die wir nicht ausschliessen können.

Alles, was wir momentan brauchen, damit der Umriss einer Arbeitslosigkeitstheorie wächst und gedeiht, ist, dass die Bedingung „soziale Sicherheit ist genausoviel oder mehr wert als ihre öffentlichen Kosten, aber weniger als sie, privat erstanden, kosten würde" nicht für jeden gilt. Gilt sie nicht für jeden - und wir sollten nicht zögern, diese schwache Annahme zu treffen -, dann wird es eine marginale Arbeiterschaft gehen, deren Lohnzusatzkosten im Anschluss an die Umverteilung höher sind als der Lohnzusatznutzen, den diese auf sie überträgt. Man kann es auch so ausdrücken: Für einen Teil der angestellten Arbeitskräfte ist die ihnen gegebene soziale Sicherheit weniger wert als die Kosten, die sie produzieren. Die öffentlich bereitgestellte Sozialversicherung wird - ganz gleich was sie sonst noch wird - einen Effekt erzielt haben: Die Grenzkosten für Arbeit höher zu machen als den Grenznutzen der Arbeit.

Die blanken Knochen des resultierenden statischen Gleichgewichts ragen klar hervor. Es wäre hier so, wie es im vorigen Steuer- und Transferfall sein würde: Die Nachfragekurve für Arbeit bewegt sich um das Mass nach links, das der Arbeitssteuer entspricht. Die Angebotskurve rückt nach rechts, aber um ein geringeres Mass, weil der Grenzlohnzusatznutzen in Naturalien kleiner ist als die Steuern, welche die Angestellten zu dessen Erwerb entrichten müssen. In dem scheinbar neuen Gleichgewicht ziehen die Arbeitsnachfrage und das Arbeitsangebot bei höheren

Lohnkosten und geringerer Beschäftigung gleich. In der Folge wird ein Teil der Arbeitskraft im Zuge der „Umstrukturierung" des Unternehmens überflüssig gemacht.

Dieses scheinbar neue Gleichgewicht kann dennoch nicht bestehen und ist keines, weil es sich mit dem gängigen Versicherungsmechanismus nicht verträgt. Die Prämie, welche der Absicherung einer vollbeschäftigten Bevölkerung gegen verschiedene Risiken einschliesslich der Arbeitslosigkeit angepasst war (wobei das letztere Risiko in einer Wirtschaft mit Vollbeschäftigung eine geringe versicherungsmathematische Verlusterwartung hat), ist für die Bereitstellung derselben Versicherung für eine Bevölkerung mit teilweiser Arbeitslosigkeit ungeeignet. Den Grund kann man auf zwei Arten ausdrücken: Entweder können wir sagen, dass die versicherungsmathematische Verlusterwartung steigt, um die höhere Verlusterfahrung widerzuspiegeln, oder dass den Arbeitslosen ihre Police ausbezahlt werden muss. Der Prämienanstieg, welcher denselben Anstieg in den Lohnzusatzkosten der Arbeit einschliesst, drückt weiterhin ihre Nachfrage: Höhere Arbeitslosigkeit impliziert eine noch höhere Versicherungsprämie, die wiederum eine noch höhere Arbeitssteuer, und die eine noch höhere Arbeitslosigkeit usw.

Falls der Prozess zu gegenseitiger Annäherung führt, dann ist schliesslich ein endgültiges Gleichgewichtsniveau erreicht, das stabil ist. Für den Fall, dass der Prozess „chaotisch" ist, versuchen wir besser nicht zu sagen, was passierte, aber es wäre wahrscheinlich etwas weitaus Unangenehmeres.

Geleitet von diesen recht grundsätzlichen Überlegungen würde man erwarten, in der weniger grundsätzlichen, tatsächlichen Welt eine bestimmte Anzahl hervorstechender Merkmale zu finden. Ihre Anwesenheit würde der Theorie einen Grad der Bestätigung verleihen.

Erstens, die durch zyklische Veränderungen korrigierte Arbeitslosigkeit würde steigen oder sich auf einem historisch hohen Niveau einpendeln.

Zweitens, im Vergleich der Nationen untereinander würde die Arbeitslosigkeit und ihr Wachstumstrend vom Niveau und Wachstum der Umverteilung via Sozialversicherungen verschiedener Art positiv korrelieren. Im Gegensatz zum amerikanischen oder ostasiatischen Modell würde das sogenannte „Europäische Modell" die höchste Arbeitslosigkeitsquote zeigen. Unter den zum „Europäischen Modell" konformen Ländern würden alles in allem die am meisten Leidenden sich dennoch darum kümmern, die „sozialsten" zu sein.[21]

Drittens, in der informierten Öffentlichkeit würde die Einsicht einsetzen, dass der Anstieg der für Lohnzusatznutzen in Naturalien gezahlten Lohnzusatzkosten der Hauptgrund der Arbeitslosigkeit ist. Trotzdem wäre es politischer Selbstmord, gemäss dieser Einsicht zu handeln und die „sozialen Errungenschaften" der letzten zwei oder drei Jahrzehnte abzubauen. Die Umverteilung würde weitergehen und weiterhin von typischen Kommentatoren als eine hohe Tugend der modernen Demokratie betrachtet, werden, die ihre Kosten vermutlich sehr wohl wert sei. Klassische Liberale würden sie weiterhin mit Unbehagen als Bestandteil des Lebens betrachten, als eine kleine Sünde, gegen die anzukämpfen keinen Zweck hat.

Viertens, intellektuell diskreditierbare, Heilmittel verbreitende Spinner fänden zunehmend eine sympathisierende Hörerschaft. Es gäbe eitle Wiederauferstehung des Ludditischen Glaubens[22]: Die Technologie verschlinge Arbeitsplätze, und es bleibe zu wenig an zu verrichtender Arbeit übrig. Es gäbe eine Zunahme an Neo-Protektionismus: Ausländische, durch billige Arbeit produzierte Güter verschlängen Arbeitsplätze, sogar gieriger als die Technologie; Konkurrenz durch Länder, die weder etwas zum Schutz der Umwelt noch etwas für die Frauen oder gegen Kinderarbeit tun, stellten „soziales Dumping" dar.

Schliesslich gäbe es eine Palette von vorsichtigen politischen Antworten zur „Bekämpfung" der Arbeitslosigkeit. Ermutigungen zur Arbeitsplatzteilung, Entmutigungen bei Extraschichten durch das Auferlegen von Strafabschlagskosten würden erprobt, und ein Versuch, die Last des „sozialen Schutzes" von einer Arbeitssteuer auf eine allgemeine Steuer abzuwälzen, würde unternommen. Diese Massnahmen mögen die entsprechende Lastenquote verschieben, aber was sie gegen die endgültige Quote und deren Implikationen ausrichten können, ist eine offene Frage. Solange das Gut „soziale" Sicherheit letztlich von seinen Nutzniessern weniger geschätzt wird, als es in der Herstellung kostet, muss irgend jemand den Verlust tragen. Technisch ausgedrückt: Das Problem ist, dass wegen eines grossen Teiles des Sozialprodukts, der in den „sozialen Schutz" fliesst, die Grenzraten für Substitution und Transformation von der Politik einer grosszügigen Umverteilung in Naturalien auseinandergetrieben werden.

Die meisten dieser Vorhersagen der Theorie werden von der Geschichte der Gegenwart bestätigt. (Ich darf dem geneigten Leser, dem es ohne fremde Hilfe bisher entgangen ist, nicht vorenthalten, dass es für die Skizzierung der Theorie eine grosse Hilfe war, das gegenwärtige Syndrom tatsächlich zu sehen, das die Theorie vorherzusagen versucht). Der Langzeitarbeitslose und der angstbefallene, vergeblich nach Karrieremöglichkeiten Ausschau haltende junge Mensch werden von der erklärten Freundlichkeit und dem sozialen Gewissen des umverteilenden politischen Systems erdrückt.

Wie auch immer, es ist einfacher, einen gewissen abstrakten Verlust an Pareto-Optimalität als Preis für die Umverteilung vorzuschieben, wenn nicht gar zu leugnen, als dessen sichtbaren Ausdruck, die Entstehung einer chronischen, grossflächigen Arbeitslosigkeit zu akzeptieren. Am Ende dieser Reflexionen sind mir zwei Dinge völlig unklar: Wie die demokratische Gesellschaft sich aus diesem selbstgemachten Schlamassel befreien könnte und wie sich der Zustand auf Dauer aufrechterhalten könnte.

Anmerkungen

[1] „ ... der Staat schützt die Leute gegen jedes Desaster, ausgenommen solche, die er ihnen selbst zufügt" (Walzer 1953, S. 83). Walzer zielt mit seiner spitzen Bemerkung auf die „Volksdemokratien", trifft aber in gewissem Masse jede Art von Staat.

[2] Eine politische Gemeinschaft neigt dazu, nicht darauf zu achten, dass Jeder „nicht weniger als" bekommt. Bestenfalls ist sie bereit, es privaten, dezentralisierten Tauschmechanismen zu überlassen, nicht denen zuzuweisen, die nicht verdient haben. Schlimmstenfalls, so scheint es, weisen solche Mechanismen denen, die mehr verdient haben, mehr zu, als diese wirklich verdient haben, und gehen dazu über, zurückzuholen, was die „blinden Kräfte des Marktes" „zuviel zugewiesen" haben.

[3] Mit diskriminierender Preissetzung wird die in einem bestimmten Marktsegment (Risikoqualität) kostendeckungssichernde Prämie den Durchschnitt der versicherungsmathematischen Verlusterwartung für dieses Segment bilden. Das Argument im Text gilt sinngemäss.

[4] Ich sage bewusst „beabsichtigt". Eindruck des erkenntnistheoretischen Handicaps der Gesellschaftswissenschaften können wir nicht sagen, wer die Sozialversicherungssteuer „wirklich" bezahlt, der Arbeitgeber, der Arbeitnehmer oder jeder in seiner Eigenschaft als Konsument oder Anbieter.

[5] Man braucht es nicht extra zu sagen, dass dies nicht heissen soll, dass Nutzengewinne und -verluste sich aufhöben. Es gibt nichts, womit wir den „Ausgleich" der Nutzen deskriptiv darstellen konnten. Normative Urteile sind selbstverständlich immer möglich. Aber es gibt keinen zu rechtfertigenden Test, der solchen Urteilen „Gültigkeit verschaffen" konnte.

[6] Hayek behandelt Recht und Ordnung nicht wie alle anderen Öffentlichen Güter, sondern als eine separate Kategorie. Dieselbe Trennung wird in Buchanans Unterscheidung von „protektivem" und „produktivem" Staat beibehalten, wobei ersterer Recht und Ordnung und letzterer (andere) Öffentliche Güter herstellt.

[7] Dieser Ausgleich ist glaubhaft, falls er nicht als empirische, deskriptive Aussage ausgewiesen wird, sondern als Ergebnis paarweiser normativer Urteile. Für den Richter macht es vollkommen Sinn zu sagen, dass A's Gewinn mehr zur Zufriedenheit der Gesellschaft beitrage, dass er ein grösseres moralisches Gut sei, dass er einen Zustand wesentlich verbessere und so weiter, als B's Verlust von der Zufriedenheit der Gesellschaft wegnehme und so weiter. Kein Schaden wird angerichtet, solange alle akzeptieren, dass ein anderer Richter nicht zustim-

men muss, dass wir alle Richter sind und dass es keinen intersubjektiven, anwendbaren Test zur Lösung der Uneinigkeit gibt.

[8] Unter „selbstgewählt" verstehe ich eine Regel mit einer auf sich selbst bezogenen Eigenschaft, die der Regel erlaubt, zu ihrer eigenen Änderung verwendet zu werden. Ein formales Beispiel ist eine Verfassung, die ein Verfahren bereithält, das, sofern es befolgt wird, in einer Verfassungsänderung mündet. In Wirklichkeit wählt die Gesellschaft immer ihre eigenen Regeln für gesellschaftliche Entscheidungen in dem Sinne, dass sie eine bestimmte ihr innewohnende Kapazität hat, jede Regel zurückzuweisen, die sie, sofern sie die Möglichkeit hätte, nicht wählen würde oder nicht in Einklang mit der Regel hinzufügen konnte. Die Aussage gilt für Regeln für gesellschaftliche Entscheidungen, die Verfassungen sind (die ein hohes Mass an Bereitwilligkeit und Zusammenarbeit brauchen, um zu funktionieren). Sie dürfte nicht auf eine Regel anwendbar sein, die auf eine Diktatur hinausläuft.

[9] „Gewisse Gleichheiten" schätzen ist selbstverständlich etwas anderes als „alle Gleichheiten" oder einfach „Gleichheit" schätzen. Egalitaristen schätzen nicht jede oder gar eine Aristotelische „proportionale" Gleichheit. Die hinreichende Bedingung einer Aristotelischen Gleichheit ist, dass ein bestimmter, einem Mitglied einer Klasse erwachsender Nutzen dasselbe Verhältnis zu einem beliebigen, allen Klassenmitgliedern gemeinsamen Merkmal enthält wie der Nutzen jedes anderen Mitglieds. Klassische Beispiele sind „jedem nach seinem Bedürfnis", „jeder nach seinem Verdienst" oder „jeder nach dem Grenzprodukt seiner Arbeit". Die Bedingung des gleichen Verhältnisses ist offensichtlich mit jeder "ungleichen" Verteilung verträglich. Einige Zugehörige einer Klasse erhalten mehr Nutzen als andere, entsprechend dem, was sie gemäss der qualifizierenden Variable - Bedarf, Verdienst, Grenzpunkt und so weiter - erfolgreich beanspruchen können.

Ernsthafte Egalitaristen räumen nicht ein, dass ein Nutzen eine abhängige Variable sein solle. Um eine - von ihren jeweiligen Merkmalen unabhängige - Gleichheit unter einer Klasse von Personen zu erhalten, gestalten sie den Nutzen in Abhängigkeit von einer der Klasse gemeinsamen Konstante. Eine gemeinsame Konstante der Klasse „Arbeiter" ist selbstverständlich die, dass sie arbeiten. Gleichheit erfordert, dass alle denselben Lohn erhalten, ungeachtet ihrer unterschiedlichen Anstrengungen und Effektivität. Unter dieser Gleichheitsbedingung erhalten Nicht-Arbeiter eventuell nichts, und es ist irrelevant, was sie erhalten. Wie auch immer, die Aufgabe der proportionalen Gleichheit ist der erste, ernsthafte Schritt zum universalen Egalitarismus (wo z. B. Arbeiter und Nicht-Arbeiter dasselbe erhalten). Der zweite Schritt ist, die Wahl der Klasse, in der die Gleichheit angestrebt wild, zu beschränken. Falls wir entscheiden, ein Universum in egal wie viele für die Verteilung bedeutsame Klassen zu teilen, dann erlaubt sogar die nicht proportionale, absolute Gleichheit innerhalb jeder Klasse eine beliebige Anzahl von Ungleichheiten im Universum. Folglich ist das Bemühen, die bedeutsamen Klassen so gross wie möglich und bis zu einer bestimmten Grenze allumfassend, universal zu machen. Innerhalb dieser Grenze gibt es nur eine Klasse. Sie schliesst jeden ein, und jeder erhält den gleichen Anteil am zu verteilenden Nutzen. Die absolute Gleichheit für eine universale Klasse ist die logische Endstation des Egalitarismus.

Für eine davon abweichende Argumentationsbasis, die zu einem ziemlich ähnlichen Ergebnis führt, vgl. Raz 1986, S. 225-227.

[10] „Das Argument, Nächstenliebe habe einige Merkmale eines öffentlichen Gutes ... mündet in der vielleicht unüberprüfbaren Vorhersage, dass ein Parlament aus Spendern überein käme mehr zur Nächstenliebe beizutragen, als in einem wettbewerblichen Markt herausschaute" (Wagner 1989, S. 172). Wagner ist lobenswerterweise hinsichtlich der Kraft dieses Argumentes skeptisch. Vgl. die Untersuchungen von Karl-Heinz Paqué zum Effekt der Besteuerung auf private Nächstenliebe (Paqué 1986).

[11] Hier ist ein Wort über das „sozial verantwortliche" Unternehmen angebracht. Theoretiker der „Unternehmensethik" fordern vom Firmenmanagement, die Interessen des Eigentümers gegen die der „Anteilshalter", einschliesslich die der Angestellten, Lieferanten, Konsumenten, der Gemeinde vor Ort, der Benachteiligten usw. abzuwägen. Einige dieser Interessen zu berücksichtigen dürfte, nach allem, was wir wissen, gängige Geschäftspraktik sein und nach keiner besonderen Ermahnung verlangen. Das „Abwägen", das die soziale Verantwortlichkeit angeblich mit sich bringt, weist das Management nicht an, eine gesunde Geschäftspraktik anzunehmen. Das zu tun, ist ohnehin die Pflicht des Managements. Vielmehr instruiert es das Management von dieser Praktik abzuweichen, weniger als die Pflicht für die Eigentümer zu tun, um anderen Parteien zuliebe mehr zu tun. Dies ist ein Aufruf zum Missbrauch des Auftrags, den das Management von den Eigentümern erhält, als auch zu einer überlegten Abkehr von der betriebswirtschaftlichen Effizienz. Diesem Aufruf Beachtung zu schenken, ist weder ethisch noch nützlich.

[12] Es gibt einem zu denken, Feinberg, einen modernen Rechtsphilosophen allerersten Ranges, sich der gleichen konfusen Ansicht über Besitzansprüche anschliessen zu sehen. Auch Marx hat für gewöhnlich sein eigenes Wasser mit ihr getrübt, denn er überliess es uns, darüber nachzudenken, ob es der Arbeiter alleine sei, der Wert schöpft, oder ob es das zusammen mit einem Schwanz voll meist verblichenen Weisen, Erfindern, Gesetzgebern und Polizisten tut, wobei sich nicht sagen lässt, wer wieviel beigetragen hat. Auch unserer Zeit bleibt eine derart verworrene Darstellung erhalten, und zwar als Handwerkszeug des geistigen Normalverbrauchers beim sozialen Theoretisieren.

[13] Vgl. Richard Posners Darstellung darüber, wie Rechtsrealisten (wenn man deren Meinungen in bestimmter Weise ausgelegt) staatliche Obrigkeit über private Handlungen betrachten: „Wenn ich einen Kartoffelchip esse, dann esse ich eigentlich den Kartoffelchip des Staates, weil es der Staat ist, der mein Eigentumsrecht am Chip schöpft, wahrnimmt und schützt" (Posner 1993, S. 569).

[14] Grob gesagt: Nicht zweimal für dasselbe.

[15] Der eigentliche Grund dafür, warum die Theorie der Umverteilung solche groben Fehler produzieren kann, ist, dass im ersten Fall die Parteien im sicheren Besitz ihres Eigentums, das sie zum Tausch vorsehen, verhandeln. Das Verhandeln bezieht sich auf die Tauschbedingungen, und jede Partei kann vom Verhandeln Abstand nehmen und zu einer sicheren Grundlinie zurückkehren. Klassenkonflikte beziehen sich auf die blosse Existenz der Eigentumsrechte der Reichen, nicht auf die Bedingungen zu denen beide Parteien bereit sind, Rechte zu tauschen. Die Reichen können nicht zurück; es gibt keine sichere Grundlinie. Sie können nicht einfach zu den Armen sagen, dass sie dann halt eben ihre Reichtümer behalten werden. Die Armen haben einige Möglichkeiten, sie ihnen mit friedlichen oder gewalttätigen politischen Mitteln wegzunehmen. Auch gibt es keinen guten und unbefristeten Grund, warum ein einmal abgeschlossener Handel, der den Armen gewisse Reichtümer für das Versprechen, nicht begehrlich zu werden und den Rest zu erkämpfen, gibt, von den Armen eingehalten werden sollte. Wie auch immer, dies sind tiefe Wasser und können jetzt nicht ergründet werden.

[16] Eine massgebende Studie über moderne ökonomische Entwicklung, die übrigens ein Musterbeispiel des Zusammenspiels zwischen sozioökonomischer Hypothese und Ökonometrie ist, führt die Behauptung an, Umverteilung mit einer bestimmten egalitären Ausrichtung sei eine Grundbedingung für die beständige öffentliche Akzeptanz des Kapitalismus und der Marktergebnisse (Maddison 1991, S. 79-80). Diese ist um so mehr fehl am Platz, als es, in der Natur der Dinge liegend, keinen ökonometrischen Test gibt, der die Aussage „unzureichende Umverteilung führt zur Ablehnung des Kapitalismus" falsifizieren könnte. Wir können bestenfalls „verifizieren", dass ein bestimmtes Mass an Umverteilung mit der „Akzeptanz" des Kapitalismus verträglich war. Das Gegenteil bleibt unwiderlegbar. Wir wissen immer noch nicht, ob der Kapitalismus nicht genauso mit weniger oder keiner Umverteilung verträglich ist. Die Idee des Trade-offs bleibt schlichtweg haltlos.

[17] In einem persönlichen Gespräch mit Hayek (Radnitzky 1993, S. 471).

[18] Die Demokratie ist eine verallgemeinerte und unreine Version des elementaren 3-Personen-Spiels der reinen Verteilung. In diesem Spiel ist die Verteilung der Spielsumme unter den drei Spielern das, worüber zwei Spieler einig werden.

Über Umverteilung

Dies führt zu dem wohlbekannten Ergebnis, dass jedes Mal, wenn das Spiel gespielt wird, eine Koalition von zwei Spielern gebildet wird, welche die verfügbare Summe in ihrem Sinne umverteilt, zum Nachteil des dritten Spielers. Um den Gewinn der Sieger-Koalition in einer gegebenen Spielrunde zu maximieren, muss der Verlierer jener Spieler sein, der als Bester aus der vorherigen Runde hervorgegangen ist.

[19] Ausgehend von der üblichen Definition, ist von zwei Zuständen x und y x Pareto-superior gegenüber y für einen Satz von n Personen, sofern von n mindestens eine Person x y vorzieht und keine y x. Wie auch immer, es ist für jeden in n ein Selbstwiderspruch (irrational), sowohl x vorzuziehen als auch auf seinem Recht zu bestehen, falls es zutrifft, dass x ohne dieses Recht ist, das deshalb verletzt oder nichtig werden muss, um zu x zu gelangen. Rationalerweise verzichtet er auf sein mit x unverträgliches Recht freiwillig, falls er x vorzieht. Er ist immer frei, das zu tun. Aus diesem Grund ist die Forderung, die von vielen Kommentatoren gegen A. K. Sens „Unmöglichkeit eines Paretianischen Liberalen" (Sen 1970) erhoben wird, nämlich, dass Individuen eine gegen solche Ansprüche auf Pareto-Optimalität geschützte Privatsphäre an Rechten haben sollten, recht unverständlich. (Sen stellt selbstverständlich lediglich fest, dass die Ausübung dieser Rechte und die Pareto-Optimalität unverträglich sein können). Falls x, einschliesslich der Aufgabe eines Rechtes, in der „Privatsphäre" Pareto-optimal ist, dann ist es das, weil der Rechtsinhaber eher auf das Recht verzichten (es tauschen) würde, als es zu halten. Vor wem sollte es denn „geschützt" werden, wenn nicht vor dem Rechtsinhaber selbst?

[20] Andererseits dürfen Arbeitgeber ihre Arbeitnehmer in einem unvollkommenen Markt für Lohngüter beschwindeln. Das war es, wogegen die Anti-Naturalien-Gesetzgebung ausgerichtet war.

[21] Man muss nicht erwähnen, dass Länder mit höherer Arbeitslosigkeit mehr für Arbeitslosengelder ausgeben. Um nicht Wirkung und Ursache zu vertauschen, sollten wir bei der Wahl eines statistischen Stellvertreters für das Mass, zu dem sich ein Land für „sozialen Schutz" verpflichtet, vorsichtig sein. Falls wir die Ausgaben für Sozialversicherung wählen, sollten wir die Arbeitslosengeldzahlungen besser ausschliessen.

[22] Benannt nach seinem Urheber, dem englischen Arbeiter Ned Ludd (18. Jahrhundert), Anm. des Übersetzers.

Literatur

Buchanan, J. M. 1975: The Limits of Liberty, Chicago.

Feinberg, J. 1984: Harm to Others, Oxford.

Gauthier, D. 1986: Morals by Agreement. Oxford.

Gauthier, D. und Sugden, R. (Hg). 1993: Rationality, Justice and the Social Contract, Hemel Hempstead.

Gray, J. 1992: The Moral Foundations of Market Institutions, London.

Griffin, J. 1986: Well-Being, Oxford.

Hayek, F. A. 1971: Die Verfassung der Freiheit, Tübingen; Original: 1960, The Constitution of Liberty, Chicago.

Hayek, F. A. 1973-1979: Law, Legislation and Liberty (3 Bände), Chicago.

Hayek, F. A. 1978: New Studies in Philosophy, Politics, Economics and the History of Ideas.

Maddison, A. 1991: Dynamic Forces in Capitalist Development, Oxford.

Mises, L. von. 1966: Human Action (2. Auflage), Chicago.

Paqué, K.-H. 1986: Philanthropie und Steuerpolitik, Tübingen.

Posner, R. A. 1993: „Leftist Legal Formalism", Critical Review 6.4.

Radnitzky, G. 1993: „Wie marktkonform ist die soziale Marktwirtschaft?", Schweizerische Monatshefte 73.6.

Raz, J. 1986: The Morality of Freedom, Oxford.

Ricardo, D. 1817: Principles of Political Economy and Taxation, London.

Sen, A. K. 1970: „The Impossibility of a Paretian Liberal", Journal of Political Economy 78.

Starbatty, J. et al. 1993: Adjektivlose oder Soziale Marktwirtschaft, Bonn.

Wagner, R. E. 1989: To Promote the General Welfare, San Francisco.

Walzer, M. 1983/1985: Spheres of Justice, Oxford.

Kapitel 3

Philosophie

Kann man eine Qualle verletzen?

Das Pro-Maastricht-Establishment versichert uns immer wieder, dass die Subsidiarität uns vor den zentralistischen Tendenzen eines föderativen Europa bewahren wird. Ich sehe nicht, wie sie dazu in der Lage sein soll, selbst wenn sie Bestandteil des Vertrags ist.

Unter Subsidiarität versteht man in der Regel, dass Entscheidungen und die Erfüllung von Aufgaben aller Art nicht auf einer höheren politischen und behördlichen Ebene erfolgen sollten, sofern dies auf einer untergeordneten möglich ist. Es bedeutet auch den Vorrang der untergeordneten Ebene, wenn diese die Aufgabe effizient lösen kann.

Die alternative Gegenüberstellung von Können und Nichtkönnen oder von „effizient" und „ineffizient" trifft jedoch den Kern des Problems nicht. So kann man immer anführen, Gunzenhausen, Brive-La-Gaillarde oder Stoke-on-Trent seien alle in der Lage, sich einer Sache anzunehmen; dass Brüssel es aber besser, kostengünstiger und gerechter könne; dem Wettbewerb ein angemesseneres Umfeld gewährleiste und anderes mehr. Es geht dabei nicht um eine absolute, sondern um eine relative Befähigung und Kosteneffektivität.

Man muss sich auf kein spezielles Prinzip berufen, um festzulegen, dass eine Sache Gunzenhausen zu überlassen wäre, wenn es diese mindestens so gut kann wie Brüssel. Wenn Subsidiarität einen Sinn haben soll, dann jenen der Bevorzugung der Dezentralisation, selbst wenn diese in der Leistungsfähigkeit nicht ganz an die Zentrale heranreicht. Doch sind die Grössen, um die es hier geht, kaum je messbar.

Kann man eine Qualle verletzen?

Wenn ich sage, Brüssel mache allenfalls etwas nur ein bisschen besser - wenn überhaupt - und mein Gegenüber sagt, Brüssel mache es sicher viel besser, so sind wir beide in unseren Äusserungen guten Glaubens. Keiner von uns verletzt das Prinzip der Subsidiarität. Da dieser Begriff etwas unbestimmbar Quallenartiges bedeutet, stellt sich die Frage, ob man denn eine Qualle überhaupt verletzen kann.

Philosophie

Ist National Rational?
Ursachen und Folgen ethnischer Konflikte

Die meisten Zeitgenossen liberaler Gesinnung tendieren dazu, den Nationalismus als Instinkt der weniger feinen Art zu betrachten. Als solcher liegt er jenseits des Zugriffs kritischer Vernunft. Nationalismus wird mit einer persönlichen Neigung verglichen, mit einer „Leidenschaft", die zwar Verhalten kaum erklären kann, aber ihrerseits nicht im Dienst höherer Ziele und Zwecke steht.

Im Zuge meiner Auseinandersetzung mir den Ursachen und Folgen ethnischer Konflikte musste ich unlängst an eine junge Frau denken, die eine Zeitlang meine Manuskripte umgeschrieben hatte. Zu Beginn bekundete sie einige Mühe beim Entziffern meiner Handschrift. Insbesondere verwechselte sie die Buchstaben „r" und „n". Schrieb ich also national, so hiess es nachher rational, und umgekehrt. Die Resultate waren manchmal ganz erstaunlich. Eine Möglichkeit der Annäherung an das Phänomen Nationalismus kann darin bestehen, den Gegenstand gewissermassen wider besseres Wissen als rational bedingt zu deuten: Wenn auch der Nationalismus tatsächlich auf Gefühle zurückgeht, die ihrerseits auf historischen Zufälligkeiten beruhen, so lässt sich doch hypothetisch fragen, ob er nicht auch das Resultat rationaler Entscheidungen (rational choice) sein könnte. Gesucht wäre also eine Theorie, welche die Erscheinungen des Nationalismus so erklärt, als ob sie die jeweils angemessenen, vielleicht sogar bestmöglichen Strategien nutzenmaximierender Individuen im Zuge sozialer Interaktion darstellten. Den Begriff der „Nutzenmaximierung" verwende ich dabei im weitesten Sinne; er schliesst alle Motive mit ein, die beschreiben, was Menschen auf der Grundlage bestimmter Mittel und Informationen tun zu müssen glauben, um zur bestmöglichen Kombination jener materiellen oder immateriellen Werte zu gelangen, die ihnen wichtig und teuer sind. Wenn es uns gelänge, eine solche Theorie zu entwickeln, dann liesse sich Nationalismus als etwas Instrumentelles, Zweckgerichtetes darstellen - als eine Erscheinung, die auf der Grundlage eines methodologischen Individualismus' verständlich wird. Das gleiche gälte für den Nationalstaat als institutionelle Verkörperung des Nationalismus.

NUTZEN UND KOSTEN KOLLEKTIVEN HANDELNS

Damit Nationalismus im Rahmen eines Maximierungskalküls Sinn machen kann, muss es im Zuge menschlicher Interaktionen Situationen geben, in denen die beste Antwort auf die Handlungen anderer darin besteht, kollektiv vorzugehen. Diese beste Reaktion also setzt gemeinsames Handeln voraus. Die Individuen müssen sich in einer Gruppe zusammenschliessen, als Gruppe entscheiden und solche Entscheidungen auch respektieren. Im Gegenzug „ernten" sie den nach unserer Hypothese spezifischen Nutzen kollektiven Handelns. Dieser Nutzen (wenn es ihn denn gibt) hängt von mindestens zwei Variablen ab. Die eine betrifft die Grösse und Zusammensetzung der Gruppe: Wer gehört ihr an, wer bleibt ausgeschlossen? Je grösser eine Gruppe, desto stärker ist sie - aber wohl auch: Desto schwächer ist ihr Zusammenhalt. Je grösser eine Gruppe, desto kleiner ist überdies die Welt ausserhalb, jener Raum also, in welchem das gemeinsame Handeln Vorteile bringen kann. Die zweite Variable betrifft die Qualität jener Entscheidungen, welche die Gruppe trifft und vollzieht: Wie werden sie getroffen? Sind sie - simplifiziert ausgedrückt - „demokratisch" oder „autokratisch"? Wem werden die Kosten von Entscheidungen aufgebürdet? Schliesslich: Welche Mechanismen verhindern dumme Fehler? Beide Variablen berühren ganz offensichtlich Kernbereiche der einzelstaatlichen Problematik, nämlich die innere Entscheidungsfindung und -durchsetzung.

Bevor Gruppen ihren Mitgliedern Nutzen bringen können, müssen sie aufgebaut und unterhalten werden. Ihre Grösse und Form, ihr Zusammenhalt und modus operandi sind dabei von einiger Bedeutung - nicht nur im Hinblick auf ihre Effizienz als Institution, sondern auch bezüglich jener Kosten, welche für den Aufbau und den Unterhalt der Gruppe anfallen.

Ein Blick in die Geschichte zeigt, dass kollektiv agierende Gruppen ihrer Form nach zumeist Sprachgemeinschaften waren. Diese Gemeinschaften erfüllten bereits die grundlegende Funktion einer Gruppe, indem sie bestimmte Menschen ein-, andere aber ausschlossen. Im Vergleich mit anderen Merkmalen (wie: Sippe, Stamm, Rasse, soziale Klasse oder Religion) ist die Sprache das historisch wichtigste Kriterium für die wechselseitige Abgrenzung von Gruppen. Ob dieses Kriterium auch dem Erfordernis grösster Effizienz (oder niedrigster Kosten) gerecht wird, ist eine Ermessensfrage. Eher bejaht wird sie von den Anhängern einer Theorie soziobiologischer Selektion; für sie ist das blosse Überleben einer sozialen Institution ein Zeugnis für ihre Effizienz. Wie dem auch sei - bis vor relativ kurzer Zeit meinte „Nation" stets in erster Linie eine Sprachgemeinschaft; erst zum Ende des 18. Jahrhunderts hat der Begriff auch eine markant politische Konnotation erhalten.

Auch sonst grenzt sich eine Gruppe in der Regel auch nach aussen ab: Sie hat ihre spezifischen Regeln und Bräuche, Mythen und Legenden zur eigenen Geschichte, überdies kennt sie eine bestimmte Loyalität zu einem Zentrum, schliesslich auch ein gewisses Mass an territorialer Hoheit. All diese Abgrenzungen sind nun aber kostspielig in ihrer Einführung ebenso wie im Unterhalt. Die Kosten sind dabei desto höher, je stärker der innere Zusammenhalt der Gruppe sein soll. Grundsätzlich gilt, dass Kosten dort anfallen, wo Konformität verlangt und so der Vorteil der Vielfalt innerhalb der Gruppe aufgegeben wird. Kosten entstehen überdies dort, wo solche Vielfalt zwischen Gruppen aufrechterhalten wird, die von sich aus zu natürlichen Übereinstimmungen tendieren würden.

Von der Nation zum Nationalstaat

Die Maximierung des mutmasslichen Vorteils gemeinsamen Handelns zum Preis jener Kosten, die für Bildung und Unterhalt der Gruppe anfallen, ist ex hypothesi kollektiv rational, solange der Grenznutzen gemeinsamen Handelns die gleichzeitig anfallenden Grenzkosten übersteigt: Vom konkreten Vorgehen hängt letztlich ab, wie gross die erreichten Vorteile insgesamt sind - und damit auch, wie gross der durchschnittliche Vorteil für die einzelnen Mitglieder der Gruppe ausfällt. Allein, jedes dieser Mitglieder kann den Durchschnitt übertreffen, wenn es sich nicht an den Gruppenkosten beteiligt, während andere ihren Beitrag leisten. Mit anderen Worten: Die Option des Trittbrettfahrens ist individuell gesehen rational. Falls diese Option tatsächlich allen - oder - nur den meisten - Angehörigen der Gruppe offensteht, so bleiben Kosten ungedeckt: Das rationale Vorgehen des einzelnen wird das kollektiv rationale Gesamtergebnis vereiteln. Wir gelangen hier offensichtlich zu einem Grundproblem, wie es im Gefangenendilemma (siehe gegenüber) zum Ausdruck kommt und die Bereitstellung öffentlicher Güter schlechthin charakterisiert.

Ähnliche Anreizstrukturen, und damit auch ähnliche Dilemmata, kennzeichnen die Nation als diskriminierende Gruppe, die ihre Mitglieder gegenüber Aussenstehenden bevorteilt. Die Verhinderung des Trittbrettfahrens setzt voraus, dass eine den Individuen übergeordnete Instanz existiert, welche mit entsprechenden Kompetenzen ausgestattet ist. Darum handelt die Nation letztlich dann rational, wenn sie sich zum Nationalstaat wandelt.

Gefangenendilemma

Zwei Männer, die ein schweres Verbrechen begangen haben, werden je in einer Zelle festgehalten. Die Beweise des Staatsanwalts reichen aber nur aus, um sie einer Lappalie zu überführen, weshalb er jedem einzelnen ein Angebot macht: „Legst du ein Geständnis ab, während dein Kollege Stillschweigen bewahrt, kommst du frei. Schweigst du und dein Kumpan packt aus, wanderst du für zwanzig Jahre hinter Gitter. Sind alle beide geständig, kriegt ihr je fünf Jahre."
Das Dilemma der Häftlinge besteht darin, dass sie am besten fahren, wenn keiner „singt". Gleichzeitig ist die Versuchung enorm, mit der Wahrheit herauszurücken, kann doch jeder einzelne, ganz gleich, was der andere tut, durch ein Geständnis die Strafe reduzieren. Damit steht das Gefangenendilemma für alle Situationen, in denen Individuen oder andere Teile eines Ganzen zu Handlungen verleitet werden, die den Gesamtinteressen zuwiderlaufen.
Je schwächer die Option des Trittbrettfahrens, desto leichter ist die Aufgabe für den Nationalstaat, um so niedriger bleiben auch die Kosten für seinen Vollzugsapparat. Die soziale Ächtung jener Option ist die Aufgabe des Patriotismus in all seinen Formen; dessen Züchtung erscheint daher als durchaus sinnvoll; sie ist kollektiv rational. Feindseligkeit und Argwohn gegenüber Fremden und ihren Lebensarten ebenso wie die Liebe zum Eigenen funktionieren als Gefühlsregungen so, als ob sie bewusst eingesetzte Mittel wären, um das Dilemma aufzulösen, das dort auftritt, wo kollektive und individuelle Rationalität sich widersprechen. Wer nun aber die heutigen, ebenso virulenten wie hässlichen Nationalismen einfach auf die Führung des Nationalismus zurückführen wollte, ein grundlegendes soziales Dilemma aufzulösen, greift natürlich zu kurz.

ENTSCHEIDUNGEN IM INTERESSE ALLER?

Wie jedes andere staatliche Gebilde, vielleicht aber mit mehr Effizienz und weniger Skrupel, ermöglicht der Nationalstaat das Treffen von Entscheidungen, die zwar für alle Seiten, die aber Nutzen und Kosten ungleich auf verschiedene Gruppen verteilen. Im Unterschied zu gewöhnlichen Konflikten, in denen die eine Partei schlicht darum gewinnt und die andere nur darum verliert, weil Macht Recht hat, nehmen solche öffentlichen Entscheidungen als Resultate politischer Prozesse für sich in Anspruch, dem bonum commune oder dem „nationalen Interesse" förderlich zu sein. Dieser Anspruch wird von demokratischen Regierungen anders begründet als von halbdemokratischen oder autoritären; stets aber basiert die Begründung auf der schönen Versicherung, jede Umverteilung resultierte unter dem Strich in einem positiven Nutzensaldo, in vermehrter Wohlfahrt oder nationaler Stärke. In der Regel sind derartige Versicherungen entweder nicht falsifizierbar oder erwiesenermassen falsch. Die Public-Choice-Theorie hat zweifelsfrei erwiesen, dass solche Massnahmen eine Verschwendung im Sinne verschleuderten Wohlstands bedeuten. Darüber hinaus hat sie aber auch gezeigt, dass diese Massnahmen nicht etwa bloss zufälligen Fehlentscheidungen entspringen; vielmehr stehen sie mit fast zwingender Notwendigkeit am Ende eines Prozesses rationaler politischer Nutzenmaximierung von individueller Warte aus. „Politisch" meint hier die gezielte Nutzung verbindlicher sozialer Entscheidungsmechanismen.

Eine mögliche Folge solcher Umverteilungspolitik ist die Neigung, Freiheiten, Rechte und Privilegien von heterogenen Minoritäten weg zur dominanten nationalen Gruppe im Staate hin umzuverteilen. Vom liberalen Standpunkt aus erscheint dabei eine Politik der Unterdrückung ethnischer oder religiöser Minderheiten als moralisch verwerflicher als die blosse routinemässige Umverteilung materieller Ressourcen von dominierten zu dominanten Volksteilen. Die kollektiv irrationalen, wohlfahrtsmindernden Effekte materieller Umverteilung sind von der ökonomischen Forschung erschöpfend belegt; dagegen sind die Verluste, welche dem Volksganzen durch die Unterdrückung einzelner Volksteile entstehen, schwieriger nachzuweisen. Man wird aber sagen dürfen, dass die organisierte Diskriminierung von Minderheiten zwar kollektiv irrational ist, individuell aber durchaus Sinn machen kann - vor allem für die Mitglieder des dominanten Volksteils. Öffentliche Umverteilungsmassnahmen, so unterschiedlich sie im einzelnen auch zu sein scheinen, teilen sich zumindest in eine Gemeinsamkeit: Sie wiederholen das Gefangenendilemma insofern, als die für einzelne Individuen rationale Strategie tatsächlich nicht optimal für die Gesamtheit ist.

Ein kostspieliges Patt

Der Fall des unentschiedenen Dauerkonflikts gehört zu den meistuntersuchten Situationen, welche den Nationalstaat zu kollektiver Irrationalität verleiten. Der spezifische Nutzen aus kollektivem Handeln spricht gegen individuelles Einzelkämpfertum. Wenn aber dieser Anreiz Individuen dazu bringt, sich zu Gruppen zusammenzuschliessen und wenn dieser Prozess zur Bildung von Nationalstaaten führt, dann bleiben zuletzt keine Individuen mehr für jene Interaktionen, in denen sie einen spezifischen Nachteil erleiden könnten. Alle werden sich in Gruppen ähnlicher Art zu schützen suchen; Nationalstaaten sind nur mehr mit ihresgleichen konfrontiert.
Wenn alle die gleiche Strategie wählen, gewinnt zwar niemand mehr dabei, es kann sich aber auch niemand mehr erlauben, einen anderen Weg zu gehen. Dies trifft für Individuen wie für Nationalstaaten zu. Individuen sehen sich unter die Obhut ihres Nationalstaates gezwungen, um ihre Freiheitsrechte, ihr Eigentum und ihre „Identität" vor anderen Nationalismen zu schützen.

Dieses Vorgehen bringt indessen keinen Gewinn; man kann sogar einwenden, wer seine Freiheit und sein Eigentum dem Schutz des Staates anvertraue, wähle den sichersten Weg, von beidem zu verlieren. Allein, in einer unsicheren Welt souveräner Nationalstaaten riskiert auch viel, wer jenen Schutz nicht sucht. „Abrüstung" im wörtlichen und übertragenen Sinn, in kulturellen und wirtschaftlichen Bereichen ebenso wie in bezug auf Kanonen und Raketen, ist in der Tat das Beste für alle, wenn alle es tun. Sie ist aber keine rationale Option für einzelne Staaten, unabhängig davon, ob andere Staaten ebenfalls abrüsten oder nicht. Es ist dies die angeblich (und ungenau) von Hobbes abgeleitete Logik, welche die wechselseitigen Beziehungen zwischen Nationalstaaten offenbar determiniert und dabei auch verhindert, dass diese Staaten sich überhaupt verändern - und so auch ihre misstrauisch-eifersüchtigen Nationalismen ablegen könnten.

Die zugrundeliegende Logik ist nicht so unerschütterlich, wie es den Anschein macht. Umgekehrt gibt es aber doch eine ganze Reihe historischer Beispiele, in deren Verlauf diese Logik des Handelns tatsächlich zum Tragen kam. Die Bestialität der Hutus und Serben gegenüber ihren ungeschützten, ethnisch verschiedenen Landsleuten weist auch in jüngster Vergangenheit darauf hin, dass es durchaus noch schlechtere Lösungen gibt als Pattsituationen zwischen Nationalstaaten.

AUS EINS MACH ZWEI

Die individuelle Logik zweckrationalen Handelns verleitet bisweilen ethnische Gruppen ohne klar erkennbare Identität und junge, kaum entwickelte Staaten dazu, eine kollektive Vergangenheit zu erfinden, den Status einer reifen Nation zu beanspruchen und sich als souveräne politische Einheiten zu etablieren. Derlei schliesst auch die Möglichkeit der Sezession von einem bereits existierenden National- oder Vielvölkerstaat mit ein.

Warum wollen Minderheiten zwei Regierungen einsetzen, wo vorher nur eine einzige war, wenn neutrale Beobachter versichern, diese Minoritäten seien gleichberechtigt, sie hätten gleiche Freiheiten, „gleiche Rechte" und „gleiche Chancen", was immer dies auch konkret bedeuten mag? Wie und warum schafft blosse Andersartigkeit Spannungen? Wir wollen davon ausgehen, dass ein Staat die optimale Grösse hat, dass also das Verhältnis zwischen Kosten und Nutzen, kollektivem Handeln positiv, ja ebenfalls optimal ausfällt. Eine Sezession zu suchen wäre dann kollektiv irrational. Gleichzeitig aber können separatistische Bewegungen aus individueller Perspektive durchaus Sinn machen, rational erscheinen, zumindest für einige Angehörige der Minderheit. Dahinter steht eine Motivation, die an dieser Stelle als „Kulturattaché-in-Paris"-Syndrom bezeichnet sei. Jede Regierung hat bekanntlich ihren Kulturattaché in Paris, Minister für dieses und Sonderbeauftragte für jenes. Eine separatistische Bewegung wird schon deshalb eine unverhältnismässig grosse Zahl von Anhängern gewinnen: Lokale Patrioten; frustrierte Lehrer; Dichter, Schriftsteller und andere Meister der Minderheitensprache; junge Leute, deren Ehrgeiz die eigenen Fähigkeiten übersteigt. Sie alle hoffen darauf, von der neuen Regierung einen Traumjob zu bekommen.

Vor dem Hintergrund individueller Nutzenmaximierung kann Separatismus also als logisches Resultat subjektiver Rationalität betrachtet werden, dann nämlich, wenn der Betroffene entweder die tatsächlichen Wahrscheinlichkeiten falsch einschätzt oder aber einen unverhältnismässig hohen Nutzenzuwachs mit einem Haupttreffer verbindet. Ein solcher Separatist handelt durchaus rational, wenn er sich für seine Bewegung ins Zeug wirft und dabei auch hohe Kosten für die eigene ethnische Gruppe in Kauf nimmt.

Dessen ungeachtet bleibt das Ergebnis aus der Sicht aller Separatisten zusammen trotzdem suboptimal und kollektiv irrational. Dies gilt noch mehr aus der Perspektive der ganzen ethnischen

Gruppe, in deren Namen für die Unabhängigkeit gestritten wird, die dabei aber nicht nur Separatisten einschliesst, sondern auch Anhänger des Status quo. Die Schrecken, denen viele afrikanische Völker im Zuge der Entkolonialisierung unter korrupten und chronisch inkompetenten nationalen Regierungen ausgesetzt waren, belegen dies auf eindrückliche Weise. Das Dilemma zwischen individuellem Ehrgeiz und kollektivem Wohlergehen bereitet aber dann genug Ungemach, wenn Nationalismen aller Art keine schlechten Regierungen hervorbringen. Die Vermehrung souveräner Staaten ist in sich ein Phänomen, das der Verschwendung Vorschub leistet, indem es neue Räume schafft, in welchen Parasiten sich ausbreiten können - und seien es auch nur Parasiten von der gewöhnlich-gleichgültigen Sorte.

KRIEG

Ein wichtiges Ordnungselement innerhalb der internationalen Anarchie besteht darin, dass Konflikte in der Regel nicht mit kriegerischen Mitteln, sondern am Verhandlungstisch gelöst und entschieden werden. „Kriegerisch" meint hier nicht nur den heissen Konflikt unter Gewaltanwendung, sondern auch den Handelskrieg. Wirtschaftliche oder militärische Kriege, die unter Staaten ausgetragen werden, unterscheiden sich von Kriegen unter Individuen, denn diese akzeptieren unmittelbar und direkt, jene Kosten zu tragen, welche ihnen aufgrund ihrer Entscheidung für den Krieg entstehen - oder sie lehnen diese Kosten ab und wählen den Frieden. Wenn Staaten Kriege führen, haben die Individuen diese Wahlmöglichkeit nicht, sondern müssen nolens volens die anfallenden Kosten tragen. Die absolute Verunmöglichung des Krieges durch militärische und wirtschaftliche Abrüstung im Weltmassstab würde Verhandlungslösungen im Rahmen der verbleibenden Konflikte logisch betrachtet nicht erleichtern, sondern im Gegenteil erschweren, wenn nicht verunmöglichen - so paradox dies zunächst tönen mag. Würde nämlich der Krieg nicht nur geächtet, sondern diese Achtung auch in rechtliche Formen gegossen und das Recht wiederum immer und überall durchgeserzt, so hätten die betroffenen Parteien fortan keinerlei Grund mehr, im Rahmen von Verhandlungen auch nur die kleinste Konzession zu machen. In einer Welt souveräner Nationalstaaten sind gelegentliche Kriege wahrscheinlich notwendig, sollen auch schwierige Konflikte einer Lösung zugeführt werden.

DILEMMATA

Nationalismus wird verstanden als Konglomerat von Überzeugungen und Verhaltensnormen mit dem Zweck, ethnische Abgrenzungen ebenso zu begünstigen wie das Überleben der eigenen Gruppe. Die Verwendung des „Zweck"-Begriffs soll dabei nicht ein bewusstes Kalkül insinuieren, wohl aber eine bestimmte logische Übereinstimmung in bezug darauf, wie Individuen im Rahmen eines rationalen Kalküls möglicherweise entscheiden würden. Nationalismen helfen Gruppen dabei, Vorteile zu „ernten", die aus gemeinsamem Handeln entstehen, dem Zugriff von Individuen aber entzogen sind.

Die organisierten Agenten des Nationalismus sind die Nationalstaaten. Ihre wesentliche Funktion besteht darin, individuelle durch kollektive Entscheidungen zu ersetzen, und zwar in jedem Bereich, den sich das Kollektiv im Hinblick auf Erstentscheidungen vorbehält (bestimmte Theoretiker sprechen hier von Meta-Entscheidungen auf Verfassungsebene). Prima facie handelt es sich um eine Maschinerie, die durchaus in der Lage ist, kollektiv rationale Ergebnisse herbeizuführen, welche ausserhalb der Reichweite rational vorgehender Einzelkämpfer liegen; von daher scheint es gerechtfertigt, die Souveränität über individuelles Handeln nicht bei den Individuen selber, sondern beim organisierten Kollektiv zu belassen. Nationalismus ist unter anderem auch die

Ist National Rational?

Überzeugung, dass es genauso sein und bleiben soll. Nun aber bewirkt die gleiche Maschinerie, die alle mit kollektiver Rationalität von oben beglücken soll, mitunter das genaue Gegenteil. Je stärker und unwiderstehlicher die staatliche Maschinerie zum Aufdiktieren kollektiver Entscheidungen erscheint, desto grösser ist auch die Versuchung, diesen Apparat für individuelle Ziele zu manipulieren und zu missbrauchen; die relative Leichtigkeit solcher Manipulationen führt letztlich zu einem komplexen Netzwerk von Umverteilungsströmen innerhalb des Nationalstaats – zu einem Netzwerk aus fiskalischen, protektionistischen und anderen regulativen Massnahmen, die unter dem Strich nicht nur sehr viel kosten, sondern auch jeder Transparenz entbehren.

Kommt hinzu, dass der anfängliche Nutzen von Nationalstaaten in der Regel schnell verloren geht: Ursprünglich werden solche Strukturen ja dahingehend begründet, dass sie es einer ethnischen Gruppe ermöglichen, sich anderen Gruppen gegenüber zu behaupten. Dieser Vorteil verschwindet, sobald Randgruppen ihrerseits die gleiche Strategie wählen und sich ebenfalls in Nationalstaaten organisieren. Hier besteht dann ein Dilemma darin, dass im Rahmen individueller Nutzenmaximierung jeder sein Heil im Kollektiv und unter militärischem Schutz hinter nationalen Grenzen sucht - und dies, obschon es aus Sicht der Gesamtheit rational und geboten wäre, Grenzen aller Art abzubauen, militärisch wie auch wirtschaftlich abzurüsten.

Ein weiteres Dilemma entsteht wiederum aus dem Verlangen jeder ethnischen Untergruppe selber eine Nation zu werden. Nationen tendieren dazu, eigene, souveräne Nationalstaaten zu bilden. Die Kontrolle über jene Maschinerie, über die man der Gesamtheit verbindliche Entscheidungen auferlegen kann, erscheint in sich als überaus erstrebenswertes Ziel. Natürlich - eine einzige Maschinerie mag die kollektiv beste Lösung für eine grosse Gruppe sein, die sich in zwei Untergruppen teilt. Aus der Perspektive des Individuums kann es trotzdem geboten sein, in diesem Fall zwei Regierungen zu installieren, wobei natürlich eine jede unabhängig, also souverän sein soll; nur so ist gewährleistet, dass zwei parasitäre Armeen von Amtsinhabern gebraucht und eingesetzt werden, wo eine im Grunde genügen würde. Dieses Dilemma allein könnte separatistische Bewegungen ebenso rational erklären wie den Widerstand, der ihnen entgegengebracht wird - unabhängig von den tatsächlichen Ursachen solcher Vorgänge.

Schliesslich scheint die blosse Existenz souveräner Einheiten den Krieg zur notwendigen Voraussetzung friedlicher Konfliktlösung zu machen.

Die beschriebenen Dilemmata und ihre mitunter paradoxen Implikationen gehen wahrscheinlich alle auf eine gemeinsame Ursache zurück. Die schiere Möglichkeit kollektiver Entscheidungen, deren unbedingte Verbindlichkeit im Nationalstaat ihren Fürsprecher findet, macht es für das Individuum schwierig, wenn nicht unmöglich, die anfallenden eigenen Kosten abzuschätzen und zum Nutzen in Beziehung zu setzen. Für bestimmte Leute kann es individuell rational sein, alle für etwas bezahlen zu lassen, das nur ihnen allein Vorteile bringt; oder aber sie lassen einige wenige für das vermeintliche „Wohl aller" bezahlen, und es werden im Krieg sogar Menschen in den Tod geschickt, ohne dass dies für irgend jemanden gut wäre ausser für die Eitelkeit einiger weniger.

Ich habe argumentiert, dass durch Nationalismen inspirierte kollektive Entscheidungen ihren eigentlichen, ursprünglichen Zweck verfehlen und mit Notwendigkeit auf irrationale Bahnen abgleiten. Eine andere, einfachere Schlussfolgerung drängt sich an dieser Stelle auf, auch wenn sie nicht unmittelbar der Analyse des Nationalismus erwächst: Von Rationalitäts- und Effizienzkriterien einmal gänzlich abgesehen, können kollektive Entscheidungen, kann collective choice auch vor einem anderen Tribunal kaum je bestehen: Vor jenem der Moral.

Ist National Rational?

SPLITTER

Für die europäische Union besteht die schwierige Aufgabe darin, den angestammten europäischen Völkern und ihren Lebensräumen die kulturelle Identität zu bewahren und gleichzeitig den Menschen die soziale Mobilität in der modernen Gesellschaft zu ermöglichen. Dabei könnte das Schweizer Modell durchaus nachahmenswerte Elemente aufweisen. Europa steht in einem gewissen Sinne vor der Entscheidung, sich zu balkanisieren oder zu helvetisieren.

(Dieser „Splitter" wurde dem Original beigefügt und ist entnommen aus: Urs Altermatt: Das Fanal von Sarajewo. NZZ-Verlag, Zürich 1996. S. 247)

Gerechtigkeit[1]

Abstract: The concept of justice informs our sense of justice, rather than being formed by it. The concept escapes circularity, resting as it does on foundations that are independent of notions of justice. Those foundations can be found in constituent principles such as responsibility, presumption, and convention. Two realms of justice have to be separated: The realm of 'suum cuique' and of to each, according to... . Contemporary theories of justice, however, tend to maximize their scope by obliterating 'suum cuique'. But the importance of the realm of 'suum cuique' anchors in fundaments of logic and epistemology which allow justice but little leeway.

Feststellungen und Urteile

Antworten auf Gerechtigkeitsfragen werden häufig, aber irreführend, ‚Urteile' genannt.[2] Irreführend deshalb, weil mit diesem Wort zwei grundlegend verschiedene Arten von Aussagen bezeichnet werden und viel von dem Unterschied abhängt.

Eine Art von Aussagen befasst sich mit Tatsachenfragen. Solche Aussagen sind wahr oder unwahr, denn Tatsachen sind letzten Endes feststellbar und schliessen, einmal festgestellt, bona fide Meinungsverschiedenheiten aus. Sie sind intersubjektiv gültig. Zu den Tatsachenfragen zählen streng genommen auch ‚Rechtsfragen', denn was ein Text aussagt, welche Sitten an einem Ort herrschen oder welches Verhalten eine soziale Norm vorschreibt, kann ebenfalls festgestellt werden. So wie die Welt nun einmal ist, können Texte allerdings schlecht entworfen sein, Beweise können fehlen oder unklar sein, Sitten und Konventionen können ausser

Gebrauch kommen. Angesichts derart unvollständiger Informationen können Feststellungen nicht ohne Hilfe von Urteilen getroffen werden, die dann als Ergebnis persönlicher Intuition darüber erscheinen, was die Fakten zeigen würden, wenn sie vollständig zugänglich wären. Beispielsweise wurden früher interpersonale Nutzenvergleiche als ‚objektiv', Feststellungen gleichkommend, dargestellt, um für Einkommensumverteilungen zu argumentieren. (Später erachtete man diese Versuche als fehlgeleitet, da das Problem nicht mehr als eines der Tatsachen, sondern der Werturteile betrachtet wurde). Sofern Urteile Informationen substituieren, fungieren sie als Ersatz für Feststellungen.

Nach ihrer eigentlichen Bedeutung sind Urteile als Antworten auf Gerechtigkeitsfragen aber Ausdrücke für moralische Intuitionen und als solche klar getrennt von Ersatz-Feststellungen, die empirische Vermutungen ausdrücken sollen. Urteile, die moralische Intuitionen wiedergeben, beantworten Gerechtigkeitsfragen, bei denen es nicht um Tatsachen geht. Solche Urteile können im Lichte einer anderen, vielleicht rivalisierenden moralischen Intuition richtig oder falsch erscheinen, aber sie sind weder wahr noch unwahr. Nichts in den Regeln der Logik oder der Epistemologie zwingt zwei bona fide Personen, dem gleichen Urteil zuzustimmen; es gibt hier keine intersubjektive Gültigkeit. Eine gemeinsame Religion, geteilte Werturteile oder gemeinsame Interessen können die moralischen Intuitionen verschiedener Personen einander näherbringen, und das Gegenteil kann der Fall sein, wenn diese Einflüsse unterschiedlich auf verschiedene Personen einwirken. Genuine Urteile sind intrinsisch persönlich; sie erfreuen sich eines Spielraums, dem keine klar erkennbaren Grenzen gesetzt sind.

Ein solcher Spielraum bei Urteilen bedeutet Ermessen in Fragen der Gerechtigkeit. Die Aufgabe eines eindeutig definierten Gerechtigkeitskonzepts besteht darin, das Ermessen, bei dem meine Meinung deiner Meinung gegenübersteht, zu reduzieren. Das

Gerechtigkeitskonzept kann, was paradox erscheinen mag, diese Aufgabe erfüllen, indem es den Bereich von Urteilen in Gerechtigkeitsfragen einschränkt.

In diesem Aufsatz wird argumentiert, dass die Welt der Gerechtigkeit fein säuberlich in zwei Reiche aufgeteilt ist, zwischen denen es keine Überschneidungen gibt. Die beiden Reiche werden von zwei Maximen regiert: ‚suum cuique' (jedem das Seine) und jedem nach seinen...' (d.h. nach einer Bezugsvariablen). Im Reich von ‚suum cuique' lässt das Gerechtigkeitskonzept wenig Raum für Urteile. Feststellungen verrichten fast die ganze Arbeit. Wo dagegen jedem nach seinen...' die massgebliche Regel ist, spielen Urteile eine unverzichtbare Rolle. Das ist nicht unbedingt schlecht, solange die Rolle des Ermessens auf das Unverzichtbare beschränkt bleibt.

Wenn die These, die im folgenden entfaltet wird, im grossen und ganzen richtig ist, erfordert das Gerechtigkeitskonzept, dass man sich auf Feststellungen beschränken soll, wenn sie vollständige Antworten geben können. Permanente Eingriffe in die getrennten Reiche der Gerechtigkeit mit der Maxime aus dem jeweils anderen Reich führen zu Inkohärenz und Konfusion und bringen die Gerechtigkeit in Misskredit.

Ungeordnetes Denken, Gerechtigkeit nach Ermessen. Eine Begriffsanalyse kann sich häufig auf zwei Quellen der Erkenntnis stützen, auf eine verhaltensbezogene und auf eine linguistische. Sowohl die tatsächlichen Reaktionen von Personen als auch ihre alltägliche Sprachverwendung liefern Hinweise darauf, wie ein Begriff verstanden wird.

Geht man von dem Verhalten aus, dann entspricht eine gerechte Ordnung der Dinge einem Zustand, dem die Menschen zustimmen. Allerdings muss eine solche Zustimmung, wenn sie kein Teil eines förmlichen Vertrages ist, nicht durch eine besondere Handlung zum Ausdruck gebracht werden. Sie kann auch in einer stillschweigenden Anerkennung bestehen, die freilich kaum mehr als eine auf Gleichgültigkeit oder Ohnmacht beruhende Einwilligung offenbaren mag. Eine enorme Bandbreite von Zuständen ist mit einer stillschweigenden Anerkennung vereinbar. Mehr noch, ein und dieselbe Person kann Zustände stillschweigend anerkennen, die miteinander unvereinbar sind.

Viele Gerechtigkeitstheorien versuchen, das Problem der stillschweigenden Anerkennung geschickt zu umgehen, indem sie hypothetische Zustimmungen postulieren, die unter bestimmten Bedingungen erreicht werden würden, beispielsweise bei Unkenntnis der tatsächlichen persönlichen Identität, Begabungen und Interessen, unter Ungewissheit, angesichts des Wunsches nach einer irgendwie vernünftigen Übereinkunft, bei wechselseitigem Einblick in die Absichten des jeweils anderen und so weiter. Was hypothetische Personen unter hypothetischen Bedingungen akzeptieren würden, mag zwar ein interessanter Gegenstand für Spekulationen sein, man kann damit jedoch nicht zuverlässig vorhersagen, was tatsächliche Personen unter tatsächlichen Bedingungen akzeptieren werden. Eine solche Vorgehensweise offenbart nur eine von vielen möglichen Versionen eines Verständnisses von ‚Gerechtigkeit'.

Ist der Gebrauch von Wörtern wie „gerecht" oder „fair" in der Alltagssprache ein besseres Indiz für das allgemeine Verständnis des Begriffs der Gerechtigkeit? Die Leute werden ohne Zögern sagen: „Ein ordentliches Gerichtsverfahren sollte gewährleistet werden, (aber) der Frauenmörder soll nicht davonkommen, indem er sich einen hochbezahlten Anwalt nimmt"; „man kann sein Geld ausgeben, wofür man möchte, (aber) man sollte keine bessere medizinische Versorgung bekommen, wenn man mehr dafür bezahlt"; oder „ein einmal gegebenes Wort muss gehalten und Verträge müssen erfüllt werden, (aber) grosse Ungleichheiten von Einkommen und Vermögen sind ungerecht". Dass es so gut wie unmöglich ist, die beiden Teile dieser und ähnlicher Aussagenpaare miteinander zu vereinbaren, bewahrt sie nicht davor, im gleichen Atemzug behauptet zu werden.

Aus der Social-Choice-Theorie ist bekannt, dass es im allgemeinen nicht möglich ist, eine kohärente hierarchische Ordnung von Zuständen zu erzielen, indem man nach einer plausiblen Aggregations-Regel unterschiedliche individuelle Ordnungen solcher Zustände aggregiert. Es kann der Fall sein, dass X gegenüber Y und Z vorgezogen wird, Z aber gleichzeitig den Vorzug gegenüber X erhält. Wenn wir annehmen würden, dass kollektive Entitäten, wie etwa Gesellschaften, ein kollektives Denkvermögen hätten, müssten wir ein ungeordnetes Denken diagnostizieren, das unfähig oder nicht Willens ist, die eigenen Inkohärenzen zu überwinden. Wenn bei ein und demselben Individuum festgestellt wird, dass es - unbewusst und ohne Verlegenheit angesichts seiner Widersprüchlichkeit - inkohärente Präferenzen, Meinungen und Urteile offenbart, dann ist ein solches ungeordnetes Denken kein Symptom für die Unmöglichkeit, zu einem geordneten Denken zu gelangen, sondern ein ziemlich vorhersagbares Charakteristikum menschlicher Unvollkommenheit.

Ungeordnetes Denken kann miteinander unvereinbare Urteile fällen und Ermessen bei Gerechtigkeitsfragen praktizieren. Damit soll nicht gesagt werden, dass die Leute aufwachen und ihr Denken in Ordnung bringen sollen. Damit soll gesagt werden, dass der Begriff der Gerechtigkeit einer Grundlage bedarf, die kohärenter ist als die verbreitete Meinung über das, was gerecht ist.

Vor der Gerechtigkeit: Einige Grundlagen. Offensichtlich ist Gerechtigkeit kein selbstevidenter Begriff, der sich der Intuition eines jeden offenbart. Inwieweit kann er aus Elementen gewonnen werden, die grundlegender und in höherem Grade evident und die gleichzeitig unabhängig von jeder vorhandenen Gerechtigkeitsvorstellung sind? Wenn das Gerechtigkeitskonzept ein Kompositum ist, aus welchen Komponenten besteht es; wenn es ein Gebäude ist, auf welchem Fundament ruht es?

Fünf Grundsteine, verborgen unter der Oberfläche, scheinen die Hauptlast zu tragen: Verifizierbarkeit und Falsifizierbarkeit, Realisierbarkeit, Schaden und Vertrauen. Die tragende Rolle dieser Grundsteine soll in den folgenden Abschnitten im Detail erkennbar werden.

„Ein Nilpferd ist im Zimmer" ist eine Behauptung, die wir mit derselben Leichtigkeit sowohl verifizieren als auch falsifizieren können. „Eine Nadel ist im Heuhaufen" ist eine Aussage, die von der Person, die sie äussert, zwar verifiziert werden kann, die wir aber nur mit grosser Schwierigkeit und im Grenzfall eines unendlich grossen Heuhaufens überhaupt nicht falsifizieren können. Alle Aussagen über Fakten, d.h. Aussagen mit empirischem Gehalt, die, wenn sie bestätigt werden, als Feststellungen bezeichnet werden können, sind entweder verifizierbar oder falsifizierbar oder beides. Welches der beiden Bestätigungsverfahren bei einer Aussage möglich ist (und wenn beide möglich sind, welches Verfahren weniger aufwendig ist), scheint nun in einer offenkundigen, aber wenig beachteten Weise festzulegen, wie bei zwei kontradiktorischen Antworten auf eine Gerechtigkeitsfrage die Beweislast zu verteilen ist. Die Verteilung der Beweislast wiederum führt zu so zentralen Prinzipien wie die Unschuldsvermutung, die Vermutung zugunsten der Freiheit, des Besitzanspruchs und der Gleichbehandlung.

Die Menge des Realisierbaren limitiert die Forderungen der Gerechtigkeit auf dieselbe, selbstverständliche Weise, wie das Prinzip ‚Sollen impliziert Können' die Gebote der Moral beschränkt. Die Menge von Handlungen, die eine Person ausführen kann - die Wahl, die ihr durch ihre Umwelt, ihren Besitz und ihre Ansprüche anderen gegenüber offensteht -, wird normalerweise einige Handlungen enthalten, deren Unzulässigkeit hinreichend begründet werden kann. Diese Handlungen sind ungerecht, weil sie aus unabhängigen Gründen unzulässig sind, sie sind nicht unzulässig, weil sie ungerecht sind. Es ist keine Zirkularität im Spiel, was der Fall wäre, wenn die Entscheidung, ob eine Handlung zulässig ist, von einer Kenntnis der Forderungen der Gerechtigkeit abhinge. Daraus folgt, dass alle diejenigen Handlungen, gegen die bis auf weiteres kein hinreichender Grund spricht, zulässig sind. Sie sind ‚Freiheiten'. Solche Handlungen sind also weniger deshalb Freiheiten, weil es ungerecht wäre, sie einzuschränken, sondern sie einzuschränken ist ungerecht, weil sie, solange keine Gründe gegen sie vorgebracht werden können, Freiheiten sind. Prägnanter ausgedrückt: Freiheit bedarf keiner Rechtfertigung; was gerechtfertigt werden muss, ist ihre Einschränkung.

1. Freiheit ist der Ausgangspunkt.

Hinreichende Gründe für die Unzulässigkeit möglicher Handlungen lassen sich nicht erschöpfend klassifizieren, aber einige können mit einer gewissen Sicherheit katalogisiert werden. Eine Klasse solcher Gründe hat mit Schaden, eine andere mit Vertrauen zu tun, die beide eigenständige Grundsteine des Gerechtigkeitskonzepts sind.

Wer mich verletzt, mich verleumdet oder mir etwas wegnimmt, was wir gehört und von mir geschätzt wird, schädigt mich in einer nicht-trivialen Weise. Diese Aussage ist nicht banal und manch einem wird sie alles andere als selbstevident erscheinen, wenn auch nur deswegen, weil weder „nicht-trivial" noch „was mir gehört" unstrittig ist. Zu ersterem ist vielleicht fairerweise zu sagen, dass, wenn der Schaden wirklich ein Grenzfall ist, die Frage, ob er noch als nicht-trivial durchgeht, selbst relativ trivial ist; zu letzterem, dass die Frage, was ordnungsgemäss mir gehört, zweifellos ein zentrales Anliegen jeder Analyse der Gerechtigkeit ist. Diese Frage kann jedoch nicht gleich zu Beginn gelöst werden und muss noch ein wenig in der Schwebe gehalten werden. Trotz der möglichen Bedenken ist die Vorstellung von einem Schaden tragfähig genug, um als Argument in dem Übergang von Realisierbarkeit zur Zulässigkeit und damit zur Gerechtigkeit eine Rolle zu spielen.

Vertrauen ist mit Gerechtigkeit in einer fundamentalen und konstitutiven Art und Weise verbunden. Diese Verbindung kommt zustande durch die, wie man es nennen könnte, um Vertrauen werbende Natur von Aussagen. Wenn ein Sprecher eine Aussage macht, dann verfolgt er die allgemeine Zielsetzung, im Zuhörer die Überzeugung hervorzurufen - je stärker desto besser -, dass die Aussage wahr ist oder dass er, der Sprecher, sie für wahr hält. Der intrinsische Zweck der Äusserung dieser Worte muss es sein, eine derartige Überzeugung hervorzurufen, denn sonst wäre es gleichgültig, ob diese oder andere Worte geäussert würden.

Der intrinsische Zweck eines Versprechens, eines besonders wichtigen Typs von Aussagen, ist es, beim Adressaten des Versprechens die Überzeugung hervorzurufen, dass das Versprechen eingelöst wird oder dass der Versprechende zumindest die Absicht hat, es einzulösen. Das Versprechen ist seinem Wesen nach eine um Vertrauen werbende Aussage. Ein Bruch des Versprechens verletzt das Vertrauen, das das Versprechen zu schaffen beabsichtigte. Ein Vertrag ist ein gegenseitiges Versprechen. Was für Gründe auch sonst zur Untermauerung der Institution des Vertrages angeführt werden mögen, ein selbstevidenter Grund besteht darin, dass ein Vertragsbruch das Vertrauen verletzt, um das die vertragsbrüchige Partei zunächst geworben hat. Als solcher ist er eine ungerechte Handlung. Ihre Ungerechtigkeit ergibt sich aus der Verantwortung, die der Versprechende übernimmt, wenn er um das Vertrauen des Adressaten des Versprechens wirbt. Es ist sehr gut möglich, diese Schlussfolgerung zu akzeptieren, selbst wenn die angemessene Reaktion im Falle des Bruchs eines Versprechens umstritten ist.

Philosophie

Gemäss einer einflussreichen Ansicht in der modernen Rechtswissenschaft sollen Rechtsmittel bei einem Vertragsbruch nur bei einem messbaren Schaden zur Anwendung kommen. In dieser Sichtweise besteht die Entschädigung, wenn ein Vertrag nur teilweise erfüllt wird, in der Rückerstattung des Gewinns des Schuldners oder in der Wiedergutmachung des verursachten Schadens. Wird demgegenüber ein Vertrag gar nicht erfüllt, muss eine Entschädigung nur für den Schaden geleistet werden, der dadurch verursacht wird, dass sich der Kläger auf die zu erwartende Vertragserfüllung verlassen hat. Diese Sichtweise scheint den Vertragsbruch zu entschuldigen, solange er den Interessen des Partners keinen Schaden zufügt. Sie spiegelt ‚Rechtefundierte' Theorien der Gerechtigkeit wider, die Rechte aus Interessen und Pflichten aus Rechten ableiten. Solche Theorien vermischen Probleme der Gerechtigkeit mit Problemen der Wohlfahrt und sind einem klaren Begriff von Gerechtigkeit nicht förderlich.

2. GRUNDLEGENDE PRINZIPIEN

Wir können nun Prinzipien identifizieren, die auf den im vorigen Abschnitt beschriebenen Grundlagen beruhen und - möglicherweise zusammen mit weiteren kompatiblen Prinzipien, die nicht ausdrücklich genannt worden sind - Gerechtigkeit konstituieren. Drei solcher Prinzipien scheinen notwendig, auch wenn wir nicht erwarten sollten, dass sie als konstitutive Prinzipien der Gerechtigkeit hinreichend sind: Verantwortung, Vermutung und Konvention.

Verantwortung. Das Prinzip der Verantwortung folgt aus der Beziehung zwischen einem Zustand und seiner mutmasslichen Ursache - eine Beziehung, die normalerweise Gegenstand von empirischen Feststellungen ist. Ein Zustand, in dem wir behinderte Waisen, mittellose alte Menschen junge Leute, die vergeblich nach etwas Nützlichem und Einträglichem Ausschau halten, eine vom Hochwasser verwüstete Gegend oder einen sterbenden Industriezweig vorfinden, wird bereitwillig als eine ungerechte Welt beschrieben. Solche Dinge ungerecht, anstatt traurig, empörend oder nach Hilfe verlangend zu nennen, impliziert jedoch, sie einer ungerechten Handlung zuzuschreiben, die von irgendwem zu irgendeinem Zeitpunkt ausgeführt wurde. In Ermangelung solcher Zuschreibungen würden solche Äusserungen auf die Behauptung hinauslaufen, dass Ungerechtigkeiten selbstgenerierend sein können - was bestenfalls unüberlegtes Gerede, schlimmstenfalls Unsinn ist.

In der gelegentlich hilfreichen Sprache der Spieltheorie stellt die Natur einen Spieler dar, dessen Züge keinen erkennbaren Beweggrund haben. Die Natur strebt - zumindest soweit wir das beurteilen können - nicht danach, irgendetwas zu maximieren. Ebensowenig hilft oder behindert sie menschliche Spieler, die genau dies tun. Zu behaupten, dass ein ungerechter Zustand eingetreten ist, ohne dass irgendjemand eine ungerechte Handlung begangen hat, die diesen Zustand hätte verursachen können, bedeutet zu behaupten, dass die Natur eine ungerechte Handlung begangen hat.

Die Leute sagen manchmal in der Umgangssprache so etwas über die Natur oder über Gott. Sie mögen sogar die Natur, Gott, die Geschichte, das Glück, ‚das System' oder eine ähnlich schwer fassbare Entität als verantwortlich bezeichnen. Aber sie meinen damit nicht die Verantwortung, aufgrund der man zur Rechenschaft gezogen wird, und wenn sie es täten, wäre dies ebenso befremdlich wie das Verhalten eines primitiven Stammes, der das Bildnis eines Flussdämonen dafür verbrennt, dass er die Überschwemmung verursacht hat, oder wie das Verhalten mittelalterlicher Dorfbewohner, die das Vieh dafür bestrafen, dass es in der in vollem Korn stehenden Ernte herumstreunt. Ein solches Verhalten würde gerade auch von denjenigen Denkern als lächerlich erachtet, die glauben, dass Gerechtigkeit in erster Linie die Auswirkungen des Glücks, des Zufalls, des Erbes, der Geschichte und der Naturgewalten auf das menschliche Leben ungeschehen zu machen hat.

Es würde den Rahmen dieses Aufsatzes sprengen, über die wahre Herkulesarbeit in Form sozialer und wirtschaftlicher Organisation zu spekulieren, die erforderlich wäre, um das Wirken der Natur unablässig ungeschehen zu machen. Andererseits ist es aber für das Gerechtigkeitskonzept aufschlussreich, dass die Aufgabe, das Werk des Zufalls rückgängig zu machen, Anstrengungen und Aufwendungen für Kompensationen einschliessen würde, und zwar nicht für Ungerechtigkeiten im Sinne von Handlungen, die nach Wiedergutmachung oder Vergeltung verlangen, sondern für jede menschliche Handlung, die der Zufall begünstigt oder benachteiligt hat. Die Menschen hätten nur noch eine Residualverantwortung für die Konsequenzen ihrer Entscheidungen zu tragen. Man müsste beurteilen, welche Konsequenz einer Entscheidung und welche dem Zufall zuzuschreiben ist, wodurch einer auf Urteilen beruhenden Gerechtigkeit ein nahezu unendlicher Anwendungsbereich eröffnet und sie begrifflich so vage würde, dass sie praktisch unbestimmt wäre. Das mag zwar nicht der wichtigste Einwand sein, aber für den gegenwärtigen Zweck erscheint er aufschlussreich genug.

Es lohnt sich vielleicht, ausdrücklich darauf hinzuweisen: Wenn Naturgewalten, wie etwa eine katastrophale Flut, als Ungerechtigkeit gegenüber den Flutopfern betrachtet werden, kann der Täter solcher Ungerechtigkeit nicht für eine Wiedergutmachung zur Verantwortung gezogen werden. Soll diese Ungerechtigkeit wiedergutgemacht werden, muss die Wiedergutmachung denen abverlangt werden, die Klugheit oder blosses Glück davor bewahrt hat, ihre Häuser im Überschwemmungsgebiet zu bauen. Aber Menschen Wiedergutmachung für eine Ungerechtigkeit abzuverlangen, die sie nicht begangen haben, ist selber eine

Ungerechtigkeit, was den Schluss nahelegt, dass ein Gerechtigkeitskonzept, das so etwas fordert, inkohärent, also ein Produkt ungeordneten Denkens ist. Falls die von der Flut verschonten Personen gezwungen werden, den Opfern der Flut zu helfen, muss man sich auf andere Gründe als die der Gerechtigkeit berufen, um die involvierte Ungerechtigkeit zu verteidigen - beispielsweise auf eine Vorstellung von einer interpersonalen Nutzensumme.

Vermutung. Eine Hypothese und ihre Negation bilden ein Paar, so dass es genügt, eine der beiden Aussagen zu verifizieren, um die andere zu falsifizieren. Eine mögliche Handlung ist entweder hinreichend harmlos, nicht zu beanstanden und daher frei, oder sie ist nicht hinreichend harmlos, zu beanstanden, sanktionswürdig und unfrei. Eine Person ist entweder unschuldig oder schuldig. Der Besitzer eines Guts hat entweder einen Rechtstitel für dieses Gut oder er hat ihn nicht. Ein Fall (der eine Gerechtigkeitsfrage aufwirft) gleicht entweder in relevanter Hinsicht einem anderen Fall oder er gleicht ihm nicht. Es ist offensichtlich überflüssig, eine der Aussagen in einem solchen Paar zu beweisen und die andere zu widerlegen. Die Beweislast muss nur einer der beiden Aussagen auferlegt werden, aber einer muss sie auferlegt werden, damit man überhaupt zu einer Schlussfolgerung kommt. Welcher Seite nun auch immer die Beweislast auferlegt wird, die andere Seite wird damit als privilegierte Hypothese behandelt und eine Vermutung zu ihren Gunsten etabliert. Solange die gegenteilige Hypothese nicht erfolgreich bewiesen wurde, wird unterstellt, dass die privilegierte Hypothese wahr ist, und man zieht bis auf weiteres entsprechende Konsequenzen. Ebenso wie die Unschuldsvermutung bedeutet, dass jemand solange als unschuldig betrachtet wird, wie ihm keine Schuld nachgewiesen worden ist, so bedeutet die Schuldvermutung, dass er als schuldig betrachtet wird, solange seine Unschuld nicht nachgewiesen worden ist.

Die beiden Alternativen sehen symmetrisch aus, aber sie sind es natürlich nicht. Es ist verführerisch anzunehmen, dass wir in unserem Zeitalter und in unserer Zivilisation die Beweislast so verteilen, wie wir es tun, weil es intuitiv gerecht ist und es uns auf die Seite der Guten stellt, wenn wir von einer Vermutung für die Unschuld, die Freiheit, das Eigentum und die Gleichbehandlung gleichartiger Fälle ausgehen. Dies vorauszusetzen bedeutet jedoch vorauszusetzen, dass wir bereits wissen, was gerecht ist und welche Seite die der Guten ist. Es gibt statt dessen einen unabhängigen Grund, warum sich diese Vermutungen ungeachtet von Epochen, Zivilisationen und Gerechtigkeitsintuitionen durchgesetzt haben: Ihre Dominanz ist nämlich in einer bestimmten Art von Asymmetrie im Verhältnis zu ihren Gegenpolen begründet.

Betrachten wir mögliche Handlungen. Ein Akteur beabsichtigt, eine Handlung auszuführen. Nun könnte es jemanden geben, der gegen die Ausführung dieser Handlung Einwände erhebt: Einen autorisierten Repräsentanten der Gesellschaft oder einfach einen Beteiligten, der für sich selber spricht. Er versichert, dass diese Handlung öffentliche oder private Interessen hinreichend schädigen würde, um ihre Verhinderung, ihr Verbot oder ihre Sanktionierung zu rechtfertigen. Die Freiheitsvermutung impliziert, dass die Handlung frei bleibt und solange nicht verhindert wird, bis ihre anstössige Natur nicht nur behauptet, sondern auch verifiziert worden ist. Die gegenteilige Vermutung würde den Akteur solange davon abhalten, die in Frage stehende Handlung auszuführen, bis er nachweisen könnte, dass sie möglichen Einwänden gegenüber gefeit ist.

Es gibt aber eine unbestimmbar grosse Anzahl von möglichen Bedenkenträgern, die eine potentiell unendlich grosse Anzahl von Einwänden haben, von denen einige hinreichend stark sein könnten. Die Hypothese zu falsifizieren, dass eine Handlung unzulässig ist und daher keine der Freiheiten des Handelnden darstellt, ist eine Aufgabe, die der Suche nach einer Nadel im Heuhaufen gleichkommt. Sie ist sehr schwierig und kostenaufwendig, wenn die Menge der potentiellen Einwände gross ist, und logisch unmöglich, wenn die Menge nicht endlich ist (was sie streng genommen niemals ist). Den Heuhaufen Halm für Halm abzutragen, um die Annahme zu falsifizieren, er enthalte eine Nadel, würde einen unbestimmt langen Aufschub der Handlung bedeuten, deren freie Ausübung davon abhängt, dass es keine Nadel gibt.

Wörtlich genommen würde die Vermutung, dass jede Handlung schädlich sein und irgendwelche Interessen verletzen könnte, alles in völliger Unbeweglichkeit erstarren lassen. Dies liesse sich nur dadurch mildern, dass eine Gesellschaft offensichtlich harmlose Handlungen, wie beispielsweise seine kränkelnde Tante zu besuchen, im voraus für unbedenklich erklärt, so dass diese Handlungen ausgeführt werden könnten, ohne erst beweisen zu müssen, dass sie für keine denkbaren Bestrebungen, Wünsche, Interessen oder Werte eine Bedrohung darstellen. Die Entscheidung für die Freiheitsvermutung ist jedoch kaum eine Frage der Ethik, einer liberalen Mentalität oder gar einer effizienten sozialen und ökonomischen Organisation. Sie ist vielmehr eine Frage der Epistemologie. Es geht darum, wie unsere Erkenntnis funktioniert und wie sich Verifizierung von Falsifizierung unterscheidet.

Die Art und Weise, wie Erkenntnis funktioniert, führt - vielleicht zwingend - dazu, dass die Beweislast verbunden wird mit Verboten, der Schuldannahme, der Annahme, dass ein Besitz unrechtmässig oder ein Besitzanspruch irregulär ist, oder der Behauptung, dass sich ein Fall in relevanter Hinsicht von irgendeinem anderen Fall unterscheidet. Die Vermutungen zugunsten der Freiheit, der Unschuld, des Rechtsanspruchs auf Besitz und der Gleichbehandlung gleichartiger Fälle beruhen nicht auf dem Eigenwert dieser Prinzipien, so unbezweifelbar dieser auch sein mag. Sie ergeben sich automatisch aus der Verteilung der Beweislast - eine Sache, die vernünftigem Denken wenig Wahl lässt.

Unter den Vermutungen, die in das Gerechtigkeitskonzept eingehen, nimmt die Vermutung zugunsten von Gleichbehandlung, die mit der Beweislast für die Behauptung einhergeht, dass zwei Fälle sich in relevanter Weise unterscheiden, einen zentralen Platz ein. Wenn eine Vermutung zugunsten von Gleichbehandlung akzeptiert wird und wenn eine Person aus der Vermutung zugunsten von Freiheit, von Unschuld, von Besitzanspruch oder aus anderen ihr möglicherweise günstigen Vermutungen Nutzen zieht, dann müssen alle anderen Personen aus denselben Vermutungen ebenfalls Nutzen ziehen, es sei denn, es kann gezeigt werden, dass sich ihr Fall in einem relevanten Aspekt von dem Fall der ersten Person unterscheidet. Die Auffassung erscheint intuitiv verlockend, dass das Prinzip der Vermutung allgemeine Geltung besitzt, weil es gerecht ist, dass es allgemeine Geltung besitzt. Seine allgemeine Geltung gründet jedoch - wie oben ausgeführt - in einer unabhängigen Erkenntnis, die bereits vor allen Erkenntnissen über die Gerechtigkeit zur Verfügung steht. Zirkularität wird vermieden. Wir erhalten so ein konstitutives Gerechtigkeitsprinzip, anstelle von einem Prinzip, das von den Forderungen einer Gerechtigkeit abgeleitet wird, die schon in unserem intuitiven Verständnis existiert.

Konvention. Wenn ein wahrhaft vorgesellschaftlicher Zustand existieren würde oder einer, in dem alle plötzlich unter Gedächtnisverlust litten, dann gäbe es keine Präzedenzfälle, denen man folgen, und keine Verhaltensmuster, denen man sich anschliessen könnte. Könnten unter diesen Voraussetzungen Gerechtigkeitsfragen mit einem nennenswerten Grad an Vorhersagbarkeit gelöst werden oder könnten sie überhaupt gelöst werden?

Betrachten wir zwei Fälle. Im ersten Fall besteigen zwei Personen einen (vorgesellschaftlichen) Bus, in dem nur ein Sitz frei ist. Wer von ihnen sollte sitzen und wer stehen? Im zweiten Fall wurde ein Mann tief in seiner Ehre gekränkt. Darf er den Beleidiger töten, vielleicht indem er ihm eine Chance in einem Duell gibt? Wenn noch kein Konzept der Gerechtigkeit vorhanden ist, gibt es auf keine der beiden Fragen eine vorhersagbare Antwort. Geht man nur von den moralischen Intuitionen aus, werden manche

Leute diese, manche jene Antwort geben. In einem verbindlichen Gerechtigkeitskonzept muss es jedoch Richtlinien geben, die eine gerechte Lösung solcher Fälle auf einen einigermassen vorhersagbaren Bereich einschränken. Sobald wir alle wissen, was gerecht ist, werden solche Richtlinien in gerechten Gesetzen niedergelegt. Aber wenn ein Gerechtigkeitskonzept dem gerechten Gesetz vorausgehen muss, was geht dann der Gerechtigkeit selbst voraus?

Solche Erwägungen legen nahe, dass es zusätzlich zu den Prinzipien der Verantwortung und Vermutung zumindest noch ein weiteres Prinzip gibt, das einer Gerechtigkeitskonzeption ermöglicht, sich auf Elemente zu stützen, die nicht von vorgängigen Gerechtigkeitsvorstellungen abhängen. Dieses Prinzip besagt einfach, dass Gerechtigkeitsfragen, wenn soziale Konventionen das Verhalten anleiten, entsprechend dieser Konventionen gelöst werden sollten.

Konventionen sind überaus interessante Phänomene, sowohl was ihren Ursprung als auch was ihre Durchsetzung betrifft. Platzmangel zwingt uns hier, ihre Entstehung, ihre Funktionen und ihre begrenzte, aber dennoch reale Selbstdurchsetzung als gegeben vorauszusetzen. Für unsere Zwecke lassen sich zwei Klassen von Konventionen unterscheiden: Konventionen, die höfliches Verhalten fördern, und Konventionen, die unerlaubte Handlungen zu unterbinden suchen.

Im Fall der zwei Fahrgäste, die sich auf den einzigen freien Platz setzen wollen, sind beide am schlechtesten gestellt, wenn sie um den Platz kämpfen. Die zweitschlechteste Lösung ist, dass beide stehen bleiben, weil jeder besorgt ist, flegelhaft zu wirken, wenn er sich setzen würde. Wenn einer steht und der andere sitzt, ist zumindest einer von ihnen besser gestellt und der andere nicht schlechter. Dies ist eine Lösung im Sinne des Nash-Gleichgewichts, in dem keiner der Beteiligten seine Situation verbessern kann, ohne dass der andere eine Verschlechterung seiner eigenen Situation akzeptiert. Es gibt jedoch zwei Gleichgewichte, je nachdem wer sitzt und wer bereit ist zu stehen. Diese Ungleichheit des Ergebnisses ist eine Quelle von Konflikten. Es ist daher nicht selbstverständlich, dass eines der beiden Gleichgewichte tatsächlich erreicht wird.

Viele, wenn nicht die meisten Konventionen der Höflichkeit ermöglichen den Parteien in derartigen Konflikten, diese Schwierigkeit zu umgehen und ein Gleichgewicht zu erreichen. Durch die Konvention „wer zuerst kommt, mahlt zuerst" wissen beide Fahrgäste, dass derjenige, der zuerst eingestiegen ist, den Sitzplatz bekommen sollte. Wir nehmen diese Konvention in das Gerechtigkeitskonzept auf und haben wenig Bedenken zu sagen, es sei gerecht, dass der zuerst Gekommene den ersten Zugriff haben sollte. In gewissen Sonderfällen kann eine andere und stärkere Konvention an die Stelle des allgemein Üblichen treten, z.B. kann den Alten und Gebrechlichen Priorität vor den zuerst Gekommenen eingeräumt werden.

Damit diese Geschichte keine zu optimistische Sicht der sozialen Koexistenz vermittelt, sollte bemerkt werden, dass Konventionen der Höflichkeit tendenziell eine eher schwache Fähigkeit zur Selbstdurchsetzung haben. Wer rücksichtslos fährt, durch sein flegelhaftes Benehmen die Party verdirbt oder sich in der Schlange vordrängelt, hat nur milde Sanktionen, vielleicht nichts Ernsteres als verächtliche Blicke zu befürchten. Es sollte zudem angemerkt werden, dass Verstösse gegen schwach sanktionierte Konventionen in der Alltagssprache normalerweise nicht als ungerechte Handlung bezeichnet werden und umgekehrt. Die Frage, in welche Richtung die Kausalität verläuft, würde Nahrung für tiefe und wahrscheinlich fruchtlose Gedanken liefern.

Konventionen, die sich gegen unerlaubte Handlungen richten, unterbinden Schädigungen der Person und des Eigentums und, allgemeiner gesagt, nicht-triviale Verletzungen von Freiheiten Dritter. Ausgenommen sind nur Schädigungen, die als Sanktionen die Konventionen selbst durchsetzen sollen.

Diese Konventionen sind weitgehend problemlos verständlich. Sie sind uralt, trivialerweise so alt wie die Gesellschaft selbst, insofern eine Gesellschaft erst dann entsteht, wenn eine Gruppe von Menschen beginnt, sich zu ihrem wechselseitigen Vorteil an Konventionen zu halten. Sie sind zudem interkulturell stabil, denn die meisten Gesellschaften betrachten nahezu dieselben Handlungen als unerlaubt. Seinen Part zur Durchsetzung von Konventionen zu erfüllen, Mörder zu ächten, den flüchtigen Dieb ergreifen zu helfen, auf das Eigentum des Nachbarn aufzupassen, Gruppendruck auf säumige Schuldner auszuüben und dazu beizutragen, dass Verträge ordnungsgemäss erfüllt werden. waren Verhaltensnormen gemäss einer Konvention, die eine Durchsetzung von Konventionen verlangt. Obwohl diese Aufgabe mittlerweile zum grössten Teil von staatlichen Institutionen übernommen wurde, haben sich noch in vielen sozialen Gruppen rudimentäre Spuren einer konventionell geregelten Normdurchsetzung erhalten.

Die Konventionen, die sich gegen unerlaubte Handlungen richten, bilden einschliesslich ihrer obligatorischen Durchsetzung, die gewöhnlich Wiedergutmachung und Vergeltung verbinden, einen stabilen, leicht nachvollziehbaren Teil des Gerechtigkeitskonzepts.

3. Die zwei Reiche der Gerechtigkeit

Gewöhnlich spricht man von zwei Arten der Gerechtigkeit, der ausgleichenden und der verteilenden. Bei der ersten Form von Gerechtigkeit geht es um den vollständigen Ausgleich von Verdiensten und Vergehen durch Belohnungen und Strafen. Die zweite Form von Gerechtigkeit gewährleistet, dass die Belohnungen und Strafen so verteilt werden, wie sie sollten. Wenn Verdienste und Vergehen alle guten Gründe für Belohnungen und Strafen umfassen, so dass man in einem gerechten Zustand alles das bekommt, was man verdient, und alles verdient was man bekommt, ist die vermeintliche Dualität der Gerechtigkeit rätselhaft. Wenn den Forderungen der ausgleichenden Gerechtigkeit entsprochen wurde, muss durch die gerechte Allokation von Belohnungen und Strafen, Vorteilen und Lasten auch die distributive Funktion angemessen erfüllt sein. Ebenso ist es schwer vorstellbar, wie den Forderungen der distributiven Gerechtigkeit ohne gleichzeitige Übereinstimmung mit der ausgleichenden Gerechtigkeit nachgekommen werden kann.

Diese Konfusion hat viele kluge Köpfe verstimmt und sie zu der Behauptung provoziert, dass es so etwas wie distributive Gerechtigkeit überhaupt nicht geben könne. Obwohl diese Sichtweise aus Gründen, die im fünften Abschnitt vorgebracht werden, falsch erscheint, ist die Unterscheidung zwischen ausgleichender und distributiver Gerechtigkeit in der Tat nicht sehr hilfreich und verdunkelt eine andere Art von Dualität im Gerechtigkeitskonzept. Diese Dualität betrifft die zwei Arten von Situationen, in denen Gerechtigkeitserwägungen relevant sind.

Diese zwei Arten von Situationen werden durch zwei komplementäre Maximen geregelt. Die erstmals von Cicero formulierte Maxime ‚suum cuique' (‚gebe jedem das Seine') hat als der gemeinsame Kern zweier goldener Regeln überlebt, die von dem Rechtsgelehrten Ulpian, der im Imperialen Rom des dritten Jahrhunderts lebte, in seiner Digesta formuliert wurden.

Die andere Maxime ‚jedem nach seinen...' ist die Verallgemeinerung von jeder nach seinen Fähigkeiten, jedem nach seinen Bedürfnissen', die von dem revolutionären Schriftsteller Louis Blanc 1839 vorgeschlagen und von Marx in seiner Kritik am Gothaer Programm berühmt gemacht worden ist. Allem Anschein zum Trotz stehen die beiden Maximen nicht in Konkurrenz zueinander. Sie regeln zwei getrennte Bereiche, und in jedem Bereich kann jeweils nur eine der beiden Maximen zur Anwendung kommen.

Unter der Maxime ‚suum cuique' operiert die Gerechtigkeit zunächst auf der Grundlage eines vorgefundenen Faktums, aus dem hervorgeht, was einer Person zusteht. Es ist eine feststellbare

Tatsache, oder wenn das nicht der Fall ist, eine Vermutung, dass sie gewisse Freiheiten, einen geltenden Rechtsanspruch auf ihren Besitz und begründete Ansprüche auf Leistungen aus unerfüllten Verträgen hat. Sie hat, was ihr zusteht, und erhält, was ihr zusteht, solange sie und andere nicht mehr tun, als ihre Freiheit auszuüben und ihre Verpflichtungen einzuhalten, und ihre Interaktionen auf freiwilligen Austausch und auf einseitige Wohltaten beschränkt sind. Gegen ‚suum cuique' wird verstossen, wenn die Freiheit einer Person verletzt wird, ihr Besitz genommen oder missachtet wird, ihre Schuldner säumig sind oder wenn sie gezwungen wird, anderen unfreiwillig Wohltaten zu erweisen. Gemäss der Maxime ‚jedem nach seinen…' muss jede Person, die einer bestimmten Klasse angehört, nach einem bestimmten Kriterium bestimmte Vorteile geniessen oder bestimmte Lasten tragen.

Für Marx waren die Kriterien für Vorteile Bedürfnisse und für Lasten Fähigkeiten, während er andererseits die Klasse der Personen offen und unbestimmt liess, die profitieren bzw. die Lasten auf sich nehmen sollten. In ihrer allgemeinen Form lässt die Maxime allerdings sowohl die Klasse von Personen als auch das Referenzkriterium unbestimmt und überlässt die Entscheidung einer Abwägung des Einzelfalls. Sie legt nur unzweideutig fest, dass alle, die profitieren, es gemäss desselben Referenzkriteriums tun sollen, genauso wie alle, die dazu bestimmt sind, zu leiden oder Lasten zu übernehmen. In dem Prinzip ‚alle schuldigen Personen sollen im Verhältnis zu ihrem Verbrechen bestraft werden' scheinen sowohl die Klasse der Personen als auch das Kriterium, nach dem eine Strafe gegen sie verhängt werden soll, klar genug formuliert zu sein und eine Entscheidung gemäss diesem Prinzip eindeutig festzulegen. Jedoch selbst in diesem Fall muss sich jede Entscheidung auf ein Urteil stützen, während freilich in vielen anderen Fällen die Entscheidung noch viel weniger festgelegt ist und den Urteilen ein grosser Ermessensspielraum bleibt. Augenscheinlich liegen sowohl ‚suum cuique' als auch ‚jedem nach seinen...' quer zu der ziemlich fragwürdigen Unterscheidung zwischen ausgleichender und verteilender Gerechtigkeit. Beide Maximen haben mit gerechten Verteilungen und der Berichtigung von ungerechten Verteilungen zu tun, wobei „Verteilung" natürlich in einem allgemeinen, umfassenden Sinn zu verstehen ist.

Die Unterscheidung zwischen den zwei Reichen der Gerechtigkeit, die jeweils von den zwei Maximen beherrscht werden, ist jedoch andersartig und viel schärfer. Unter der Maxime ‚suum cuique' verteilen sich Vorteile und Lasten, indem jeder seine Freiheiten wahrnimmt und seinen Verpflichtungen nachkommt. Ein gerechter Zustand herrscht, solange er nicht durch eine ungerechte Handlung verletzt wird.

Unter der Maxime ‚jedem nach seinen...' sind bestimmte Vorteile oder Lasten an ausgewählte Personen nach einem allgemeinen Kriterium zu verteilen. Die Klasse der Personen und das Verteilungskriterium müssen gerecht gewählt werden. Anders als in dem Reich von ‚suum cuique' ist hier die Verteilung das Produkt einer überlegten Handlung. Ohne eine solche Handlung gibt es keine Verteilung; wenn die Handlung nicht gerecht ist, kann die Verteilung nicht gerecht sein. Ein ungerechter Zustand herrscht, solange er nicht durch eine gerechte Handlung korrigiert wird.

4. ‚Suum Cuique'

Was einer Person zusteht, ist im wesentlichen eine Frage der Freiheiten, die ihr innerhalb der Menge möglicher Handlungen offenstehen. So kann auch das Wissen über die Implikationen von ‚suum cuique' gewonnen werden, indem man in Erfahrung bringt, welche Freiheiten bestimmte Personen geniessen. Dieses Wissen ergibt sich grösstenteils, wenn nicht vollständig aus der Kenntnis der Fundamente und konstitutiven Prinzipien der Gerechtigkeit, die jede Menge möglicher Handlungen in zulässige und unzulässige Handlungen unterteilen.

Gerechtigkeit

Bevor Freitag ankam, durfte Robinson Crusoe jede Handlung ausführen, zu der er imstande war. Es gab keinen potentiellen Kritiker, der seine Freiheit in Frage stellte, niemand, der ihm sagte, was er tun sollte und ihm Pflichten auferlegte, und niemand, den seine Handlungen stören oder schädigen würden und der Fragen der Höflichkeit, der Belästigung oder der Unzulässigkeit aufwarf. Möglichkeit und Zulässigkeit fallen für die einsame Person zusammen. Das muss nicht bedeuten, dass alle ihre durchführbaren Handlungen moralisch unanfechtbar sind und sie nicht irgendetwas Falsches tun kann, das aus anderen als konsequentialistischen Gründen falsch ist. Es bedeutet vielmehr, dass die einsame Person zwar von der Ethik in die Schranken gewiesen werden kann, sich aber nicht aus Gründen der Gerechtigkeit selbst in die Schranken zu weisen braucht; sie kann nicht ungerecht sein, ohne gegen andere ungerecht zu sein. Nichts in dem Gerechtigkeitskonzept lässt darauf schliessen, dass „sich selbst Unrecht tun" mehr als eine Redensart ist.

Zulässige Handlungen sind entweder Freiheiten, die wir ausüben können, solange kein hinreichender Grund angegeben wird, warum wir sie nicht ausüben sollten, Verpflichtungen, die wir erfüllen müssen, wenn wir dazu von dem Inhaber des Rechts aufgefordert werden, das mit der Übernahme der Verpflichtung geschaffen wurde, oder Pflichten, die zu erfüllen wir moralische Gründe haben, die aber nicht aus der Übernahme einer Verpflichtung entstanden sind und zu deren Erfüllung wir normalerweise von anderen auch nicht gezwungen werden können.

Die einfachsten Freiheiten sind Handlungen, die für andere ohne Belang sind und keine Externalitäten verursachen. Meine Lektüre während meines Studiums ist ohne Zweifel für alle anderen belanglos. Mein Spaziergang im Wald könnte eine negative Externalität für Leute sein, die gerne einsame Spaziergänge unternehmen. Meine Fahrt zur Arbeit stellt höchstwahrscheinlich eine negative Externalität für andere Verkehrsteilnehmer dar, so wie auch ihre Fahrt eine negative Externalität für mich verursacht. Die Gesellschaft war jedoch so weise, keine Konventionen zu entwickeln, die vorschreiben, den Wald nicht zu betreten, wenn dort jemand spazieren geht, oder bei dichtem Verkehr vom Autofahren Abstand zu nehmen. Ohne eine weithin anerkannte Konvention bleiben solche Handlungen trotz all der negativen Externalitäten, die sie erzeugen, Freiheiten.

Das Rauchen in der Öffentlichkeit ist ein interessanter Grenzfall. In einigen Gesellschaften scheint sich eine Konvention gegen das Rauchen zu entwickeln, obwohl die Spontaneität des Auftretens dieser Konvention angesichts des Einflusses, der von den Gesundheitsbehörden und von Rechtsstreitigkeiten ausgeht, fraglich ist. „Eine Konvention auferlegen" ist ein Oxymoron, das dem Erfinden einer Tradition oder dem Dekretieren einer Sitte gleichkommt. Abgesehen von anderen und vielleicht noch gravierenderen Mängeln erzeugt eine solche Vorstellung Konfusion bei der Frage, wie wir wissen können, was gerecht ist. Denn eine auferlegte Konvention setzt im Gegensatz zu den Konventionen, die ohne Hilfe von, wie Edmund Burke das genannt hat, „artificial government" entstehen, ein Gerechtigkeitskonzept voraus und ist keine unabhängige Wissensquelle, die zu seiner Erkenntnis beiträgt.

Ein anderes und ernsteres Problem stellt sich im Zusammenhang mit auferlegten Verpflichtungen. Mit der Abgabe eines Versprechens oder dem Abschluss eines Vertrages übernimmt man eine Verpflichtung und wirbt um das Vertrauen des Partners, dass sein Recht auf die Erfüllung des Versprochenen tatsächlich respektiert wird. Dieser Verpflichtung nicht nachzukommen ist daher prima facie ungerecht. Manche Denkschulen behaupten jedoch, dass Rechte nicht nur aus Versprechen oder Verträgen entstehen können, sondern dass man ein Recht auch dann anerkennen müsse, wenn dieses Recht sehr wichtigen Interessen dient. In diesem Sinne wird behauptet, dass ein Recht auf die Befriedigung

Gerechtigkeit

von Grundbedürfnissen, ein Recht auf Arbeit und ein Recht auf Ausbildung existieren und von der Regierung dekretiert werden dürfen. Damit diese Rechte verwirklicht werden können, muss anderen die Verpflichtung auferlegt werden, die erforderlichen Mittel bereitzustellen.

Solange aber nicht erfolgreich argumentiert werden kann, dass die unfreiwillig Verpflichteten für die unbefriedigten Grundbedürfnisse der anderen, für fehlende Arbeitsmöglichkeiten oder für fehlende Bildungseinrichtungen tatsächlich verantwortlich sind, ist es ungerecht, sie zur Abhilfe zu zwingen und diesen vermeintlichen Rechten zu dienen - wie wichtig sie auch immer sein mögen. Wenn man einen solchen Zwang rechtfertigen will, kann man das nicht mit dem Argument der Gerechtigkeit erreichen. Tatsächlich benötigt man ein stärkeres Argument als das der Gerechtigkeit.

Die Typologie der zulässigen Handlungen wird durch die pflichtgemässen Handlungen vervollständigt, die nicht auf die Übernahme einer Verpflichtung zurückgehen. Es entspricht der Struktur unserer Argumentation, solche Handlungen in ihrer negativen Form, d.h. als Verletzung einer Pflicht, zu erörtern.

Unzulässige Handlungen. Handlungen können aus allgemeinen und aus spezifischen Gründen unzulässig sein. Der allgemeine Grund für ihre Unzulässigkeit liegt in der ungerechtfertigten Störung oder Verhinderung der zulässigen Handlung eines anderen - was manchmal als ein Eingriff in seine Freiheit bezeichnet wird. Hier mögen Fragen nach Vorsatz, Fahrlässigkeit und Haftung ins Spiel kommen, die insbesondere die Probleme von Wiedergutmachung und Sanktionen betreffen. Diese Fragen können hier nicht angemessen behandelt werden. Die Opportunitätskosten einer erlaubten Handlung bewusst in die Höhe zu treiben, kann zulässig sein oder auch nicht. Das gehört zum Problem des Zwangs, und wir werden es in diesem Kontext behandeln. Insgesamt ist klar, dass in dem Masse, in dem Gründe für die Zulässigkeit von

Handlungen in das Gerechtigkeitskonzept integriert werden, unzulässige Handlungen, die sich über diese Gründe hinwegsetzen, ungerechte Handlungen sind.

Der allgemeine Grund für Unzulässigkeit besteht darin, dass eine Handlung ohne hinreichende Rechtfertigung in eine Freiheit eingreift. Das bedeutet - zumindest wenn „hinreichend" in einer empirisch sinnvollen und verifizierbaren Weise definiert wird -, dass solche Rechtfertigungen geliefert und gelegentlich auch als hinreichend befunden werden können. Obwohl man von der Freiheitsvermutung ausgeht und daher Handlungen, die in Freiheiten eingreifen, aus allgemeinen Gründen als unzulässig betrachtet, können einige solcher Handlungen trotzdem nach Prüfung ihrer Vorzüge erlaubt werden.

Unzulässigkeit aus spezifischen Gründen ist ein Teil des allgemeinen Falles, jedoch mit einer besonders verstärkenden Eigenart: Die betreffende Handlung ist unzulässig sowohl, weil sie in eine Freiheit eingreift, als auch, weil sie den Bruch einer anerkannten Norm darstellt, nämlich einer sozialen Konvention, deren Funktion es ist, diese und andere Freiheiten zu schützen. In diesem Sinne ist mein Diebstahl deines Geldes unzulässig, sowohl, weil er dir die Möglichkeit nimmt, bestimmte Dinge zu tun, die du ansonsten die Freiheit hättest zu tun, als auch, weil er gegen die Konvention verstösst, die Diebstahl verbietet. Grob gesagt ist der erste Grund konsequentialistisch, der zweite deontologisch. Die spezifischen Gründe für Unzulässigkeit finden sich vollständig in der Menge der Konventionen, die Höflichkeit fördern und unerlaubte Handlungen verurteilen. Jedes Mitglied einer Gesellschaft hat zu diesem Katalog ohne weiteres Zugang. Wenn es hinreichende Rechtfertigungen geben kann, in eine Freiheit einzugreifen, erscheint es als unerheblich, ob es sich um allgemeine oder spezifische Gründe handelt. Alles, was man sagen kann, um den Unterschied zwischen ihnen zu verdeutlichen, ist, dass spezifische Verhaltensnormen einschliesslich spezifischer Verbote nicht Fall für Fall auf ihre Vor- und Nachteile hin überprüft werden sollen.

Die Ausübung von Zwang verlangt unter den unzulässigen Handlungen eine besondere Aufmerksamkeit. Nehmen wir an, Gauner bieten allen Geschäftsleuten in einer Strasse Schutz vor Einbruch an. Einige willigen ein, Schutzgelder zu bezahlen. Wer sich weigert, wird ein attraktiveres Ziel für Einbrecher und hat grössere Verluste zu beklagen. Dadurch erhöhen sich zwar seine Opportunitätskosten für die Weigerung, Schutzgelder zu zahlen, aber er wird - bei einer präzisen Beschreibung dieser misslichen Lage - nicht ‚gezwungen', sie zu bezahlen. Zwang fängt an, wenn die Gauner den widerspenstigen Geschäftsleuten mit Einbruch oder Schlimmerem drohen, wenn sie nicht zu zahlen beginnen. Wenn die Gauner aber nicht damit drohen, ein Verbrechen zu begehen, haben sie sich keiner Zwangsanwendung schuldig gemacht.

Eigentum als Freiheit. Es scheint selbstverständlich zu sein, dass eine Handlung, die jemand ausführen kann und die nicht unzulässig ist, zu seinen Freiheiten gehört. ‚Suum cuique' gilt in diesem Fall unzweideutig. Es ist ebenso leicht zu verstehen, in welcher Hinsicht und warum jemandes Leib und Leben, sein guter Name und sein persönlicher Besitz ‚sein' sind und was die Gerechtigkeit in bezug auf sie fordert. „Eigentum" in einem weiteren Sinn von Eigentum, das über das persönliche Hab und Gut hinausgeht und die Verfügungsgewalt über ein Vermögen sowie das Recht einschliesst, allen anderen den Zugang zu diesem Vermögen und dein mit seiner Hilfe erzielten Einkommen zu verwehren, ist - auch wenn diese Form von Eigentum im Grunde nicht schwerer zu verstehen ist - notorisch umstritten.

Das liegt vielleicht daran, dass viele Leute weniger Gewissensbisse haben, wenn sie das ‚unpersönliche' Vermögen irgendeines Eigentümers begehren und an sich selber oder an andere verteilen, als wenn sie ihm seinen persönlichen Besitz oder das Geld aus seiner Brieftasche wegnehmen. Was ‚jedem das Seine' vorschreibt, wird allem Anschein nach in dem Masse weniger offensichtlich und eindeutig, in dem das Eigentum grösser und abstrakter wird und nicht mehr direkt mit dem alltäglichen Leben des mutmasslichen Eigentümers verbunden ist. Aber es gibt keine intrinsische Qualität des Eigentums, die es je nach seiner Art oder Grösse mehr oder weniger legitim macht. Die verschiedenen Ausprägungen des Eigentums werden durch das Gerechtigkeitskonzept in gleicher Weise beurteilt, ob privat oder öffentlich, gross oder klein, materiell oder immateriell, verdient oder geerbt.

Eigentümer erwerben einen Rechtsanspruch auf ihr Vermögen hauptsächlich auf zwei Wegen. Erstens dadurch, dass sie laufende Einnahmen nicht konsumieren: Was eine frühere Generation von Ökonomen annerkennend ‚Abstinenz' nannte. Zweitens durch freiwilligen Tausch oder die Annahme von Erbschaften und Geschenken. Den dritten Weg – Auffinden herrenloser Ressourcen, Entdeckungen und Erfindungen – müssen wir für einen Moment beiseite lassen.

Es ist prima facie nicht ungerecht, laufende Einnahmen nicht zu konsumieren, aber ist es vielleicht ungerecht, diese Einnahmen überhaupt zu haben? Viele würden sagen, dass ein solches Einkommen ungerecht ist, wenn es gross genug ist, um erhebliche Ersparnisse zu erlauben. Wenn allerdings die laufenden Einnahmen das Produkt eines freiwilligen Austauschs einschliesslich des Austauschs persönlicher Leistungen sowie von Vermögenswerten sind, und wenn solche Tauschvorgänge gerechtfertigt werden können, dann muss das fragliche Einkommen nicht gesondert gerechtfertigt werden. Vermögen, das von einem vorherigen Eigentümer durch freiwilligen Austausch erworben wurde, indem ein Wert für einen Gegenwert gegeben wurde, stellt eine Ausübung der Freiheiten der Beteiligten dar, die als solche das Gebot von ‚suum cuique' vollständig respektiert.

Wie verhält es sich jedoch mit dem vorherigen Eigentümer? Und wie mit dem Eigentümer vor ihm? Es gibt ein altes und bekanntes Argument, dass wir am Ende einer langen Kette von freiwilligen Austauschhandlungen, bei der jeder Tauschakt so legitim und gerecht war wie der vorangegangene, schliesslich bei einer Erwerbung angelangen, die keinen Austausch mit einem vorherigen Besitzer darstellt. Sodann wird behauptet - obwohl dies überhaupt nicht aus dem Vorhandensein einer solchen Kette folgt -, dass sich die ganze Kette auflöse und mit ihr das Eigentum seine Rechtfertigung verlöre, wenn die erste Erwerbung an dem weit entfernten Ende der Kette nicht gerechtfertigt war.

Wir werden im folgenden im Auge behalten, dass dieser Gedankengang auf der Annahme beruht, dass Besitz - weit entfernt davon, eine Eigentumsvermutung zugunsten des Besitzers zu begründen - dem Besitzer die Beweislast für einen rechtmässigen Eigentumstitel auferlegt. In dem Argument mit der Kette wird unterstellt, dass ein Rechtsanspruch mit einem Mangel behaftet ist, solange nicht das Gegenteil bewiesen ist. Diese Bürde gilt für alle Besitzer in der Kette.

In diesen Vorstellungen offenbart sich die untrennbare Verbindung der westlichen und vor allem der anglo-amerikanische Lehre vom Eigentum mit der Lockeschen Tradition. Gemäss dieser Tradition kommt die erste Aneignung zustande, indem man als erster eine Ressource, beispielsweise Land, in Besitz nimmt. Diese Aneignung ist aber nur dann gerechtfertigt, wenn dem wohlbekannten Lockeschen Vorbehalt Genüge getan wird, nämlich dass genug und ebenso ‚Gutes' für andere übrig bleibt. Locke selber hatte keinen Zweifel daran, dass seine Bedingung tatsächlich ausnahmslos erfüllt sein würde. Er glaubte an offene Grenzen, deren Schliessung er nicht vorhersah, und er glaubte an die Produktivität von eingezäuntem Land, auf dem sich nach seiner Meinung ein zehnmal höherer Ertrag als auf allgemein zugänglichem Ödland erwirtschaften lasse. Womöglich hat ihn der tröstliche Glaube, dass das, was wertvoll ist, nicht notwendig knapp sein muss, daran gehindert, die logischen Probleme zu erkennen, die sein Vorbehalt schafft.

Erstens vermindert, wenn Ressourcen begrenzt sind, jede Entdeckung, jedes Auffinden und jede Aneignung einer Ressource durch ein erstes Individuum die Wahrscheinlichkeit eines gleichwertigen Fundes durch einen nachfolgenden Sucher. Das kann entweder durch abnehmende Grenzwerte von Funden oder durch zunehmende Grenzkosten bei der Suche nach Funden mit gleichem Wert ausgedrückt werden. Bei knappen Ressourcen kann dem Lockeschen Vorbehalt niemals Genüge getan werden. Der einfache Mann, der feststellt, dass für ihn nicht genug und ebenso ‚Gutes' von dem übrig ist, was einige andere besitzen, muss den subtilen logischen Punkt nicht verstehen, um überzeugt zu sein.

Zweitens muss man jedoch die fundamentalere Frage stellen: Warum sollte man den Lockeschen Vorbehalt als Bedingung für die Gerechtigkeit von Eigentum überhaupt akzeptieren? Wenn jemand die Interessen anderer Personen wahren muss, bevor er als erster ein Stück Land in Besitz nimmt, dann bedeutet das, dass diese Personen ein gewisses Interesse an diesem Stück haben, d.h. aber, dass es tatsächlich nicht frei verfügbar war, sondern dass sich die betreffenden Personen das Stück Land in gewisser Hinsicht schon angeeignet hatten. Sie müssen deshalb fairerweise von demjenigen entschädigt werden, der sich das Land aneignen will. Andererseits können sie ihm die Aneignung des Landes nicht streitig machen, wenn sie fair entschädigt werden. Die Situation entspricht offensichtlich einer gemeinsamen Pacht. Das erste Individuum ist einer der gemeinsamen Pächter, und das Stück Land, das es aus der gemeinsamen Pacht herausnimmt, muss so klein sein, dass die übrigen Pächter mit dem ihnen verbleibenden Land so gut gestellt sind wie zuvor. Nur unter dieser Bedingung ist der Lockesche Vorbehalt gerecht.

Einer gemeinsamen Pacht irgendeine Art von ursprünglichem Besitz zuzuschreiben schiebt jedoch das Rätsel lediglich ein wenig auf, um sich dann erneut zu stellen. Denn wie rechtfertigen die Pächter ihre gemeinsame Aneignung des Landes? Nur zwei Wege können beschritten werden. Der eine besteht darin zu zeigen, dass dem Lockeschen Vorbehalt entsprochen wurde und das Land aus einer vorangegangenen und umfassenderen gemeinsamen Pacht entstammt, wobei der letzteren genug und ebenso ‚Gutes' geblieben ist wie ihr genommen wurde. Das setzt seinerseits eine Antwort auf die Frage voraus, wie die umfassendere gemeinsame Pacht zu ihrem Land kam; der Lockesche Vorbehalt führt so in einen infiniten Regress.

Andererseits könnte man behaupten, dass zwar das Individuum, das sich das Land zuerst angeeignet hat, gegenüber den vereinigten Pächtern verpflichtet ist, diese selber aber gegenüber niemandem eine Verpflichtung haben, weil das Land, das durch sie angeeignet wurde, nicht besessen, nicht beansprucht und nicht mit vorgängigen Interessen von irgend jemandem belastet war. Mit dieser rein hypothetischen Behauptung akzeptiert man, der gemeinsamen Pacht den Vorteil der Vermutung eines Rechtsanspruchs zu ihren Gunsten einzuräumen, während man ihn dem Individuum, das sich etwas zuerst angeeignet hat, verweigert. Man vermutet, dass die gemeinsame Pacht auf einem gültigen Anspruch beruht, während von dem Individuum erwartet wird, seinen gültigen Anspruch bzw. seine Erfüllung des Lockeschen Vorbehalts zu beweisen. Wenn das die letzte Verteidigungslinie ist, wäre die Lehre vom Eigentum besser nicht auf dem Lockeschen Vorbehalt aufgebaut worden.

Das Problem des geistigen Eigentums verdient hier eine kurze Abschweifung. Wenn eine schöpferische Handlung, z.B. eine Erfindung, die Wahrscheinlichkeit nicht verringert, dass irgendein anderer in der Zukunft eine gleichermassen wertvolle Handlung ausführt, dann ist der Lockesche Vorbehalt in Bezug auf das geistige Eigentum bedeutungslos, denn wie könnte man nicht genug und ebenso ‚Gutes' von etwas Unendlichem übriglassen?

Damit Eigentum jeglicher Art seinen Platz in dem Gerechtigkeitskonzept findet, bedarf es einer Lehre, die weder unmöglich zu befolgen ist, wenn die Ressourcen begrenzt sind, noch unsinnig wird, wenn sie unbegrenzt sind, noch darf sie die Beweislast in ungerechter Weise verteilen.

Das Prinzip ‚Finder gleich Besitzer' ist ein Ausgangspunkt, der - vielleicht als einziger unter den denkbaren Ausgangspunkten - allein auf feststellbaren Tatsachen beruht und Gerechtigkeitsfragen nicht vorentscheidet, um dann Schlüsse auf die Gerechtigkeit zu ziehen. Das Auffinden eines wertvollen Gegenstandes ist eine zulässige Handlung, solange niemand einen berechtigten vorgängigen Anspruch auf den Fund glaubhaft machen kann: Sie profitiert, von der Vermutung zugunsten der Freiheit. Sie profitiert auch vom Zufall, über den die Gerechtigkeit weder regieren kann noch regieren muss, und sie wird durch die Konvention ‚wer zuerst kommt, mahlt zuerst' gegen Willkür geschützt.

Wo gültige vorgängige Ansprüche existieren, ist der Erwerb durch die Freiwilligkeit des Austauschs gerechtfertigt. Zusätzlicher Eigentumserwerb bedeutet die Umwandlung von Einkommen in Ersparnisse und ist als eine zulässige Handlung, als Freiheit, gerechtfertigt, wenn das Einkommen selbst gerechtfertigt ist und Einkommen insgesamt so verstanden wird, dass es auch unverhoffte Glücksfälle einschliesst. Vermächtnisse werfen nur Probleme auf, wenn sie obligatorisch sind, aber wenn sowohl das Vermachen als auch das Annehmen freiwillig sind, können sie - wie aus dem gleichen Grund auch Geschenke freiwilligen Tauschhandlungen gleichgestellt werden. Wenn die Aneignung von herrenlosen Gegenständen, der Verzicht auf Konsum und der freiwillige Austausch Freiheiten sind, dann ist auch das Eigentum eine Freiheit. Gemäss dem Prinzip ‚suum cuique' ist der Besitz einer Person ihr Eigentum, wenn und weil die Handlungen, die zu diesem Besitz geführt haben, ihre Freiheiten waren.

Wenn dies feststeht, kann das Problem des Eigentums ohne Besitz leicht in das Gerechtigkeitskonzept eingefügt werden. Eigentum ist eine Freiheit oder genauer gesagt eine Menge von Freiheiten,

Gerechtigkeit

über deren Ausübung der Eigentümer entscheiden kann. Er hat aber auch die Freiheit, diese Freiheiten zu übertragen, indem er sie gegen einen anderen Wert eintauscht. Er kann z.B. jemand anderem die Nutzung seines Hauses gegen Miete überlassen. Wenn solche Verträge geschlossen werden, erwerben seine Partner gewisse Eigentumsrechte und übernehmen, genau wie er, gewisse Verpflichtungen. Seine vormaligen Freiheiten verwandeln sich in ein Paar von Pflichten und Rechten, die einem Paar von Rechten und Pflichten der anderen Vertragspartei entsprechen. Von ‚Eigentumsrechten' anstatt einfach von Eigentum zu sprechen lenkt die Aufmerksamkeit auf die Existenz von noch nicht oder nur teilweise erfüllten Verträgen dieser Art und bringt noch nicht eingelöste Verpflichtungen zum Ausdruck.

Pflicht und Pflichtverletzung. Eine Verpflichtung ist einerseits eine Beziehung zwischen zwei Personen, einem Verpflichteten und einem Nutzniesser der Verpflichtung oder Rechteinhaber, und andererseits eine (belastende) Handlung, die der Verpflichtete nach dem Willen des Rechteinhabers auszuführen hat. Die Beziehung ergibt sich aus einer besonderen Art gegenseitigen Versprechens, einem Vertrag, dessen Existenz und Bedingungen normalerweise verifizierbar sind. Der Vertragsbruch ist unzulässig und ungerecht. Die Konventionen gegen unerlaubte Handlungen sehen innerhalb von vernünftigen Grenzen Mittel gegen Vertragsbruch vor.

Was ist jedoch eine von Versprechen dieser Art unabhängige Pflicht und wie entsteht sie? Eine unserer weniger irrigen und mehr einheitlicheren moralischen Intuitionen lässt uns sagen, dass Eltern gewisse Pflichten gegenüber ihren abhängigen Kindern, Arbeitgeber gegenüber ihren Angestellten, Offiziere gegenüber ihren Männern, Richter gegenüber den Angeklagten und Könige gegenüber ihren Untertanen haben und dass diese Pflichten eine Sache der Gerechtigkeit in einer anderen Weise als Verpflichtungen sind. Eine Pflicht erscheint als eine komplizierte Folge der Beziehungen zwischen Personen in einer Autoritätsposition und den von ihnen abhängigen Personen, wobei es darum geht, dass die Autorität in der Verteilung von gewissen Vorteilen und Lasten und von Belohnungen und Strafen gerecht ausgeübt wird. Pflichten sind Gegenstand des Gerechtigkeitskonzepts, weil nur bestimmte Verteilungen als gerecht angesehen werden.

Die Vermutung für eine Gleichbehandlung gleichartiger Fälle liefert uns gute Gründe, es als ungerecht zu betrachten, wenn Eltern ein Kind überfüttern und ein anderes hungern lassen, wenn ein Lehrer seinem Liebling bessere Noten gibt als es dessen Arbeit verdient oder wenn ein Offizier die gefährlichen und unangenehmen Aufgaben immer denselben Männern zuweist. Solche Eltern, Lehrer und Offiziere verletzen ihre Pflichten, aber die Opfer einer ungerechten Ausübung ihrer Autorität können im Unterschied zu Vertragsparteien, die sozusagen ein Recht auf die Erfüllung gewisser Verpflichtungen gekauft haben, zu kaum mehr Zuflucht nehmen als zu Schimpfen, mürrischem Widerstand und der Hoffnung auf den Tag der Rache. Im besten Fall haben die abhängigen Empfänger von Verteilungen eine legitime Erwartung, dass die Autorität in gerechter Weise ausgeübt wird. Falls das aber nicht geschieht, kümmert sich ‚suum cuique' nicht um ihren Fall, da ihnen nichts genommen wird, was ihnen zuvor schon gehört hat. In der Absicht, diese Lücke zu schliessen, wird manchmal behauptet, dass Beziehungen von Autorität und Abhängigkeit, von Befehl und Gehorsam eigentlich als stillschweigende Verträge zwischen den betreffenden Parteien verstanden werden müssen. Eine Partei erklärt sich bereit, die andere Partei als Autorität zu respektieren wenn sie ihre Autorität im Gegenzug auf eine nicht-willkürliche Weise ausübt. Eine klassische Version dieser attraktiven Metapher ist der Gesellschaftsvertrag zwischen Herrscher und Beherrschten. Wenn sich solche Beziehungen mit expliziten Verträgen gleichsetzen lassen, dann könnte man offenbar den Massstab der Gerechtigkeit an sie anlegen. Alle Arten von Verteilungen würden dann in das Reich von ‚suum cuique' gehören, und die Verwirklichung der Gerechtigkeit wäre auf Vertragsdurchsetzung reduziert. Subsumiert man freiwillige Kooperation mit den Beziehungen von Befehl und Gehorsam unter ein und dieselbe Regel, erscheint das Gerechtigkeitskonzept als sehr viel einfacher als ohne solche angenehmen Fiktionen.

Wo ‚suum cuique' aufhört, eine verlässliche oder überhaupt irgendeine Orientierung zu bieten, übernimmt es die Maxime ‚jedem nach seinen...' diese Lücke zu füllen, obwohl die Art, in der diese Maxime das leistet, weder immer vorhersagbar noch über bona fide Anfechtungen erhaben ist.

5. ‚Jedem nach seinen...

Wenn Eltern Kindern Taschengeld geben, Lehrer Arbeiten benoten, Offiziere Aufgaben zuweisen, Richter Urteile fällen und Regierungen Steuern erheben, dann ist ein hervorstechendes gemeinsames Merkmal dieser Tätigkeiten, dass ohne Autoritäten, die bestimmte Handlungen in ihrem Kompetenzbereich ausführen, Kinder kein Taschengeld bekommen, Arbeiten nicht benotet, die Grenzen des Vaterlandes nicht verteidigt, Verbrecher nicht verurteilt und Steuerlasten nicht verteilt würden. Unter der Herrschaft von ‚suum cuique' hat am Ende des Tages, nachdem Freiheiten ausgeübt und Verpflichtungen erfüllt wurden, jeder das Seine bekommen und es bleibt nichts übrig, um es zu verteilen. Unter der Herrschaft von ‚jedem nach seinen...' werden die Dinge solange nicht verteilt, solange sich nicht irgend jemand um ihre Verteilung kümmert. Er kann sich um diese Aufgabe auf unendlich viele verschiedene Arten kümmern, da die Regel, der er folgen muss, nämlich jedem Mitglied irgendeiner Klasse von Personen Vorteile oder Lasten nach einem gemeinsamen Merkmal zuzuteilen, so allgemein ist, dass sie als Einschränkung praktisch nutzlos ist. Kann man mit grösserer Genauigkeit und Bestimmtheit sagen, welche Verteilungen gerechter sein werden als andere?

Philosophie

Gibt es eine Vermutung für die Gleichheit? Dieselben Gerechtigkeitsfragen müssen dieselben Antworten haben; es ist selbstverständlich, dass gleichartige Fälle gleich behandelt werden müssen. Aber jeder Fall gleicht jedem anderen Fall (denn sonst würden sie nicht alle Fälle sein), doch ist jeder Fall auch verschieden von jedem anderen (denn sonst würden sie nicht andere Fälle, sondern ein und derselbe Fall sein). Ähnlichkeit in einer Hinsicht ist verbunden mit Unähnlichkeit in einer anderen Hinsicht. Welche Hinsicht ist relevant? Die allgemeine Aussage, dass sich der Fall einer Person von dem Fall einer anderen Person in einer Hinsicht unterscheidet, die für Verteilungsfragen zwischen ihnen relevant ist, ist eine Nadel-im-Heuhaufen-Hypothese. Sie ist nicht falsifizierbar, wenn die Anzahl der Hinsichten, die für die Verteilung relevant sein könnten, unendlich ist. Daher kann die Beweislast nicht mit der Negation verbunden werden, sondern muss der Behauptung aufgebürdet werden, dass ein relevanter Unterschied zwischen verschiedenen Fällen besteht. Dies scheint in dem Sinne eine Vermutung für die Gleichheit zu begründen, dass zwei Personen solange den gleichen Anteil bekommen sollten, bis bewiesen wird, dass es zwischen ihren Fällen einen relevanten Unterschied gibt. Eine solche Vermutung mag wiederum zum Teil erklären, warum die Idee der Gleichheit, wenn auch auf eine etwas vage und diffuse Art, mit dem Begriff der Gerechtigkeit in Zusammenhang gesehen wird.

Es gibt jedoch ein Missverhältnis zwischen dieser Vermutung und der Gerechtigkeit. ‚Jedem (Kind) das gleiche (Taschengeld)', ‚jedem (Studenten) die gleichen (Noten)', ‚jedem (Athleten) die gleichen (Lorbeeren)', ‚jedem (Verbrecher) die gleiche (Strafe)', ‚jedem (Patienten) die gleiche (medizinische Aufmerksamkeit)', ‚jeder (armen Familie) die gleiche (finanzielle Unterstützung)', ‚von jedem (Steuerzahler) die gleiche (Steuer)' stellt eine Serie unplausibler und absurder Empfehlungen dar, gegen die radikalen Verfechter des Gleichheitsprinzips wohl als erste protestieren würden.

Äquiproportionalität. Wenn die Vermutung für die Gleichheit ‚jedem das gleiche' bedeutete, würde ihre allgemeine Anwendung zweifellos zu grotesken Resultaten führen. Wir alle wollen, dass Athleten entsprechend ihres Könnens Lorbeeren erhalten, und zumindest einige von uns wollen, dass gute Studenten bessere Noten als schlechte Studenten bekommen. Wir halten es gewöhnlich für gerecht, dass gravierendere Verbrechen auch schwerere Strafen nach sich ziehen, und wünschen, dass eine ernste Krankheit mehr medizinische Aufmerksamkeit findet als eine Grippe. Mit ‚jedem das gleiche' scheint schiefgegangen zu sein, dass es ein Spezialfall von ‚jedem nach seinen...' darstellt, in dem das relevante Referenzkriterium, nach dem über die Verteilung von Lohn oder Strafe entschieden wird, nicht eine Eigenschaft, eine Bedingung oder ein Umstand eines Falles ist, der auf eine Person zutrifft, sondern die Person selbst. Es ist der Athlet und nicht sein Können, der Patient und nicht seine Krankheit, die Familie und nicht ihre Bedürftigkeit, der Kriminelle und nicht sein Verbrechen. In diesem Spezialfall ist das Referenzkriterium die Person, und da das Referenzkriterium in allen behandelten Fällen eine Konstante ist, bleibt das Ergebnis ebenfalls konstant: ‚Jedem das gleiche'.

Wäre das Referenzkriterium dagegen eine Variable, so wie Können, wissenschaftliche Leistung, Krankheit, Bedürftigkeit, Verbrechen, Arbeitseinsatz, steuerliche Leistungsfähigkeit oder irgendetwas anderes, was man unter der Vielfalt möglicher Referenzkriterien als geeignet für die Leerstelle in ‚jedem nach sein...' halten könnte, dann wäre das Ergebnis natürlich ebenfalls eine Variable. Denn die allgemeine Form der Regel, zu der uns die Vermutung für die Gleichheit führt, besagt, dass in jeder Verteilung ein gleiches Verhältnis zwischen der Referenzvariable und dem jeweiligen Anteil an der Verteilung bestehen soll. Die verallgemeinerte Form der Regel produziert Äquiproportionalität (‚aristotelische Gleichheit'), von der die absolute Gleichheit ein Spezialfall ist, der eintritt, wenn die Referenzvariable zwischen den Personen invariant gehalten wird.

In ‚jedem nach seinen...' gibt es keine Bestimmung, wie die Leerstelle auszufüllen ist, wer bei der Verteilung berücksichtigt und welche Referenzvariable als relevant betrachtet werden soll. Die Regel überlässt das Ausfüllen der Leerstelle letztlich der moralischen Intuition.

Die Entdeckung, dass bei der Entscheidung, was gerecht ist, die Intuition eine dominante Rolle spielt, sollte die Warnlichter angehen lassen. Evidente Aussagen, die Feststellung von Tatsachen, die Logik der Beweislast, Vereinbarungen und Konventionen geben einem Gerechtigkeitskonzept Gestalt, das die meisten Fragen des ‚suum cuique' eindeutig lösen kann. Sind die Fakten eines Falls gegeben, ist es für einen weiten Bereich klar bestimmbar, wem was gehört und was ihm andere schulden. Gerechte Handlungen führen, ohne dass sie es anstreben würden, zu gerechten Zuständen. Offensichtlich gilt das jedoch nicht mehr für Verteilungen, die von einem Verteiler bewusst gewählt werden müssen, anstatt als Nebenprodukt der Summe gerechter Handlungen zu entstehen, die anderen Zwecken dienen. Eine solche Wahl von Verteilungen bleibt in zwei ihrer Variablen unbestimmt und muss die Entscheidung, was als gerechte Verteilung gilt, den moralischen Intuitionen, den Werturteilen und vielleicht auch der Parteilichkeit, der ideologischen Mode oder dem blanken Opportunismus überlassen.

Wenn ein Verteiler etwas verteilt, gibt ihm das Gerechtigkeitskonzept keine andere Regel an die Hand, als dass er gleichartige Fälle gleich und unterschiedliche Fälle unterschiedlich zu behandeln hat, d.h. dass er der Vermutung für die Gleichheit folgen muss. Bei jeder Menge möglicher Empfänger von Vorteilen oder Lasten gibt es jedoch unbegrenzt viele Möglichkeiten, der Vermutung für die Gleichheit zu folgen. Sollte jeder Militärdienst leisten oder nur junge Menschen oder nur gesunde junge Männer? Sollte Kindergeld von einer Überprüfung des Familieneinkommens abhängig sein? Sollten alle Studenten ein Stipendium bekommen, und sollten sie alle das gleiche bekommen? Und falls nicht, sollten die Stipendien entsprechend des elterlichen Einkommens. entsprechend irgendeines Masses für ehrliche Plackerei oder entsprechend der angeborenen Begabung und der Aussicht auf Ruhm für die Schule variieren? Formal genügt jede dieser Alternativen der Gleichheit und keine genügt ihr mehr als irgendeine andere. Und wie sonst kann man der Gleichheit gerecht werden, wenn die Befolgung der Regel ihr nur formal genügt und eine formale Erfüllung nichts Herzerwärmendes hat?

Der verbleibende Entscheidungsspielraum bei der Frage, wer in einer Verteilung bedacht und nach welchem Kriterium sein Anteil festgelegt werden soll, führt zu einer vorhersehbaren Konsequenz. Die Werturteile und das damit verbundene moralische und emotionale Ermessen, das in den rivalisierenden Antworten verschiedener Personen auf diese Frage zum Tragen kommen wird, ist für Teile des Gerechtigkeitskonzepts verfehlt.

Alles ist da, um verteilt zu werden. So, wie die Dinge nun einmal liegen, wird die weitaus überwiegende Menge der auf der Welt vorhandenen materiellen und immateriellen Güter produziert und verteilt, indem Freiheiten ausgeübt und wechselseitig eingegangene Verpflichtungen erfüllt werden. Hier, im Reich von ‚suum cuique', brauchen - oder eher noch: Können - keine distributiven Entscheidungen gefällt werden. Die Frage nach der Gerechtigkeit von Distributionsentscheidungen kann streng genommen nur im Reich von jedem nach seinen...' entstehen, in dem Urteil und Ermessen herrschen. In diesem Reich können Gerechtigkeitstheorien eine Rolle für die Bildung und vielleicht, wenn das wirklich möglich ist, auch für die Erklärung unserer moralischen Intuitionen spielen, die solchen Entscheidungen zugrunde liegen.

Zeitgenössische Gerechtigkeitstheorien tendieren jedoch dazu, ihren Anwendungsbereich zu maximieren, indem sie ‚suum cuique' auslöschen. In dem so frei gewordenen Raum wird notwendigerweise alles, was zu haben oder zu meiden sich lohnt und was zwischen Personen transferierbar ist, zum Gegenstand einer bewussten Distributionsentscheidung, die entweder gerecht oder ungerecht ist. Wo die Maxime ‚suum cuique' stillschweigend oder offen missachtet wird und Verteilungen von ihr nicht vorentschieden werden, können und müssen sie entschieden werden. Alle Dinge erscheinen so als Kuchen, die darauf warten, unter Respektierung der Vermutung für die Gleichheit in Stücke geschnitten und aufgeteilt zu werden. Eine Theorie mag dabei die eine Referenzvariable als Basis der Verteilung bevorzugen, eine andere Theorie vielleicht eine andere, aber für alle ist der Ausgangspunkt der Kuchen, der einfach da ist. Niemand muss die Zutaten für den Kuchen bereitstellen, niemand muss ihn backen, keine vorgängigen Ansprüche lasten auf ihm und seine Verteilung wäre ungerecht oder würde gar nicht stattfinden, wenn sie nicht durch eine gerechte Handlung vorgenommen würde.

Die Strategie, einen herrenlosen Kuchen als natürlichen Ausgangspunkt zu wählen, der gebacken wurde, ohne das jemand für das Backen verantwortlich war, kann offen oder verdeckt sein. Ein Beispiel für eine offene Strategie stellt der Vorschlag dar, das Kriterium für eine gerechte Verteilung aus einer allgemein akzeptierten Vorstellung zu gewinnen, wie Manna vom Himmel verteilt werden sollte. Verdeckte Strategien sind weniger unverblümt. Die vielleicht bekannteste operiert mit der Annahme, dass fair gesinnte Personen diejenigen Gerechtigkeitsprinzipien akzeptieren werden, denen sie zustimmen würden, wenn sie alle Vorteile ignorieren, mit denen sie die Natur oder das Glück ausgestattet hat. Hinter einem solchen Schleier des Nichtwissens ist nicht bekannt, wer wieviel zur Herstellung des Kuchens beigetragen hat, und wer wieviel beitragen muss, um den Kuchen zu ersetzen, sobald er gegessen wurde.

Schliesslich wurde ‚suum cuique' von einigen Theorien mit der Behauptung beiseite geschoben, dass die vergangene und gegenwärtige Wahrnehmung von Freiheiten und Rechten keine Eigentumsansprüche begründet. Zum einen wird behauptet, dass es die Gesellschaft ist, die durch eine kollektive Anstrengung den rechtlichen Rahmen bereitstellt, den die Individuen zur Wahrnehmung von Freiheiten und Rechten brauchen. Niemand könnte Eigentum besitzen, wenn die Gesellschaft es nicht vor Räubern schützen würde, und niemand könnte Einkommen erzielen, wenn die Gesellschaft nicht die Einhaltung von Verträgen durchsetzen würde. Jede Verteilung beruht in Wirklichkeit auf dem Willen der Gesellschaft, und es obliegt deshalb auch der Gesellschaft, eine gerechte Verteilung durch gerechte Entscheidungen herbeizuführen.

Zum anderen wird argumentiert, dass weder gegenwärtiges Einkommen ein Indikator für den tatsächlichen Beitrag zum Sozialprodukt darstellt noch die Vermögensverteilung einen Anhaltspunkt für in der Vergangenheit getätigte Beiträge zum gesellschaftlichen Wohlstand liefert. Der Anteil eines jeden verdankt sich dem, was alle anderen durch Anstrengungen, Ersparnisse, Erfindungen und die Weitergabe von Erfahrungen vom ersten Tag bis zur Gegenwart beigetragen haben. Der Vorrat an materiellem und moralischem Reichtum ist, genau wie das aktuelle Produkt, eine enorme positive Externalität. Anzunehmen, dass irgend jemand irgendeine spezifierbare Quantität zu dieser Externalität beigetragen hat und infolgedessen einen bestimmbaren Anteil davon besitzt, wird als sinnlos bezeichnet: Es gibt kein ‚suum cuique'. Statt dessen existiert eine gesellschaftliche Verpflichtung, die Güter und Übel, die sonst willkürlich und ungerecht verteilt würden, nach angemessenen, mit der Vermutung für die Gleichheit übereinstimmenden Kriterien zu verteilen.

Auf diesen verschiedenen Wegen wird alles, was wertvoll und transferierbar ist, der Fiktion vom Kuchen angeglichen, den niemand gebacken hat und der in gerechte Stücke geschnitten werden muss. ‚Jedem nach seinen...' wird auf alle Lebensbereiche ausgedehnt, in denen die Gerechtigkeit von Bedeutung sein kann. Auf Ermessen angewiesen und inhaltlich unbestimmt wird diese Maxime mit Kriterien ergänzt, die in einer fiktiven Situation Plausibilität haben mögen oder denen fiktive Personen in einer solchen Situation möglicherweise zustimmen könnten. Die Attraktivität von Theorien, die ‚suum cuique' beiseite schieben und jedem nach seinen...' zur universalen Regel erheben, erscheint umso grösser, je weniger Bedeutung realen Tatsachen und realen - wohlgemerkt realen und nicht hypothetischen - Übereinkünften beigemessen wird. Das Gewicht und die Bedeutung, die wir solchen Dingen beimessen, können jedoch nicht nach unserem Belieben entschieden werden. Ihre enge Anbindung an Logik und Epistemologie, Konventionen und Übereinkünfte lassen der Gerechtigkeit in Wirklichkeit nur wenig Spielraum.

---

[1] Das Original dieses Aufsatzes erschien unter dem Titel ‚Justice' in The New Palgrave Dictionary of Economics and the Law, London 1998. Übersetzung von Birgit Wollboldt, Frank Dietrich und Michael Baurmann.

[2] A. de Jasay verwendet im Original den Begriff „judgement". Dieser Begriff kann mit „Urteil" nur unvollkommen übersetzt werden, da bei ihm im Englischen Bedeutungen wie „Werturteil", „Meinung" oder „Einschätzung" mitschwingen. Das ist bei den folgenden Ausführungen zu beachten.

Geordnete Anarchie

Politische Lehren können unterschiedlich interpretiert und verstanden werden, aber um Bestand und Erfolg zu haben, brauchen sie ein unabdingbares, konstantes Element, das ihre Identität ausmacht und sich auch nicht verändern darf, wenn sie ihren typischen Charakter nicht verlieren wollen. Der Nationalismus muss Souveränität einfordern, Verteidigung und womöglich Expansion eines Territoriums, einer Sprache und eines Volkes. Sonst wäre er kein Nationalismus, sondern etwas anderes. Der Sozialismus tritt in mancherlei Gewand auf, doch alle Varianten haben zumindest ein unveränderliches Element gemeinsam - die Überzeugung, dass aller Reichtum von der Gesellschaft und nicht von Einzelnen geschaffen wird. Die Gesellschaft darf den Reichtum entsprechend ihrem Gerechtigkeitsbegriff umverteilen. Die Forderung nach Vergesellschaftung der Produktionsmittel und Gleichheit der Verhältnisse leitet sich von dieser Grundthese ab. Ein solch absolutes und unveränderliches Element hat der Liberalismus nie besessen. Er war stets eine lockere Lehre, in der heterogene Komponenten Platz hatten, fremde Ideen, die ihn beeinflussen und unterwandern konnten. Man könnte fast sagen, dass der Liberalismus sich nicht schützen kann, weil sein Immunsystem zu schwach ist.

Was heisst liberal?

Die gegenwärtige Verwendung der Begriffe „liberal" und „Liberalismus" ist symptomatisch für die breite Skala ihrer Bedeutung. Der „klassische" Liberalismus will möglichst wenig Staat, möglichst viel Laisser-faire, hat aber auch ein deutlich utilitaristisches Element, das sehr wohl einen aktiven Staat fordert. Themen des amerikanischen Liberalismus sind vor allem Rassenfragen, Homosexualität, Abtreibung, Drogen, „Rechte" ganz allgemein. Das angelsächsische „liberal" entspricht dem europäischen „sozialdemokratisch", und in Frankreich ist liberal gar ein pejorativer Begriff, wird oft als Schimpfwort gebraucht, und „Liberalismus" ist ein Sammelsurium von überholten Irrtümern, zu denen sich nur Dummköpfe oder Heuchler bekennen. Diese unterschiedlichen Interpretationen haben nicht viel gemeinsam. Aber das ist nicht weiter überraschend.

Dass der Liberalismus sich nicht eindeutig definieren lässt, erklärt sich aus seinen Ursprüngen. Er gründet auf der Freiheitsliebe. Freiheit ist ein Wert, den wir alle hochhalten. Das ganze Gebäude des Liberalismus ruht auf diesem verständlichen Werturteil. Freiheit ist aber nicht der einzige Wert, ja nicht einmal der einzige politische Wert. Sie hat viele Rivalen - Sicherheit von Individuum und Eigentum, Sicherheit der Subsistenz, diverse Gleichheiten, Schutz des Schwachen vor dem Starken, Fortschritt von Wissenschaft und Künsten, Ruhm und Anerkennung. Die Liste liesse sich endlos fortsetzen. Viele, wenn nicht all diese Werte sind nur um den Preis eingeschränkter Freiheit zu verwirklichen. Es widerspricht dem liberalen Geist der Toleranz und Freiheitsliebe, diese Werte zu verneinen und dem Einzelnen das Recht abzusprechen, selbst um den Preis eingeschränkter Freiheit an einigen dieser Werte festzuhalten. Freiheitsliebe ist mit Kompromissen durchaus zu vereinbaren. Auf wie viel Freiheit man verzichtet, um ein bestimmtes Mass an Sicherheit oder Gleichheit zu erreichen oder andere sinnvolle Dinge, die zumindest einige Leute anstreben, ist natürlich ganz subjektiv. Da steht Meinung gegen Meinung, diese Differenzen sind legitim. Von daher neigt der Liberalismus dazu, konkurrierenden Werten Raum zu lassen, sie zu integrieren. Am Ende kommt eine beliebige Melange dabei heraus, die jedem etwas bietet.

DIE SCHÄDIGUNGSTHESE

Drei einflussreiche Theoretiker des klassischen Liberalismus - Jeremy Bentham, James Mill und John Stuart Mill - haben diese Entwicklung geprägt. Sie erhoben das allgemeine Stimmrecht und das Wohlergehen möglichst vieler Menschen zu einem Grundprinzip der politischen Moral und stellten auf diese Weise eine völlig willkürliche, wenn nicht widersprüchliche Beziehung zwischen Demokratie und Liberalismus her. Diese Beziehung, die inzwischen als selbstverständliche Wahrheit gilt, wird im modernen politischen Diskurs gebetsmühlenartig wiederholt und trägt viel zur Sinnentleerung des Liberalismus bei.

Auch an den utilitaristischen Tendenzen im Liberalismus sind die erwähnten Theoretiker nicht ganz unschuldig. Liberale Politik wollte in allen Richtungen verbessernd eingreifen. Es mangelt ja nie an trefflichen Ideen, wie sich eine Gesellschaft durch Reformen und Veränderungen verbessern lässt, durch neue Gesetze und Bestimmungen, vor allem aber durch eine ständig angepasste Umverteilung von Reichtum, die immer mehr Nutzen bringen soll. John Stuart Mill weist darauf hin, dass die Schaffung von Reichtum zwar wirtschaftlichen Gesetzen unterliege, seine Verteilung aber von der Gesellschaft organisiert werden müsse. Nach dem Nützlichkeitsprinzip sei das nicht nur legitim, sondern sogar unerlässlich, da nur auf diesem Wege grösstmögliches Wohlergehen erreicht werde. Dieses Streben ist natürlich ein sicheres Rezept für ein Maximum an Staat.

Viele Vertreter des klassischen Liberalismus interpretieren Mills berühmte Schädigungsthese aber als Schutz vor eben dieser Tendenz utilitaristischen Denkens. Mill sagt: „Der einzige Zweck, um dessentwillen man Zwang gegen den Willen eines Mitglieds einer zivilisierten Gemeinschaft rechtmässig ausüben darf, ist der: Die Schädigung anderer zu verhüten." Was eine Schädigung ausmacht und ein Eingreifen des Staates rechtfertigt, ist freilich eine subjektive Angelegenheit. Es gibt einen grossen Bereich von vermeintlichen oder realen Verhältnissen, in denen manche eine Intervention des Staates für legitim halten, während andere einfach von simplen Fakten sprechen, die zum Leben gehören und sich von ganz allein regeln. Die Schädigungsthese wird immer weiter ausgedehnt. Heute heisst es: Wird dem Einzelnen nicht geholfen, erleidet er Schaden. Moderne politische Philosophen wollen, unter Berufung auf dieses Prinzip, den Staat dazu verpflichten, die Reichen zu zwingen, all jenen zu helfen, denen durch unterlassene Hilfe ein Schaden entstehen würde. Es mag einleuchtende Argumente dafür geben, manche Menschen zu zwingen, anderen zu helfen, aber als typisch liberal dürfte das wohl kaum durchgehen.

Das Gesetz der Unterwerfung

Die Auswirkungen guter Absichten bieten oft Anlass zu bitterer Ironie. Locke versuchte, mit seinem harmlos anmutenden Vorbehalt die Rechtmässigkeit des Eigentums zu beweisen, und schwächte doch nur dessen moralische Grundlage. J. S. Mill sah sich als Verteidiger der Freiheit, legte ihr aber nur Fesseln an.

Wenn sich der Liberalismus von Sozialismus, prinzipienlosem Pragmatismus oder simpler Ad-hoc-Beliebigkeit unterscheiden will, muss er auf eine andere Grundlage gestellt werden. Der Liberalismus muss strikter formuliert werden, damit er sich besser gegen das Eindringen fremder Elemente wehren kann.

Meiner Ansicht nach genügen zwei Grundthesen (eine logische und eine moralische), um einen neuen, strikteren Liberalismus aufzubauen, der seine Identität verteidigen kann. Das eine ist die Freiheitsvermutung, das andere die Ablehnung der Gesetze der Unterwerfung, die die Pflicht zum politischen Gehorsam implizieren. Unter Freiheitsvermutung verstehe ich, dass jede beabsichtigte Handlung als frei zu gelten hat (und staatlicherseits nicht geregelt, besteuert oder bestraft werden darf), solange nicht nachgewiesen werden kann, dass sie nicht frei ist.

Manche behaupten, dass es eine solche Vermutung nicht gibt bzw. nicht geben sollte. Es geht hier aber nicht um eine Frage, über die man unterschiedlicher Meinung sein kann. Die Freiheitsvermutung folgt logisch aus dem Unterschied zwischen zwei Methoden, die Gültigkeit einer Aussage zu prüfen - also Falsifizieren und Verifizieren.

Das Anspruchsdenken

Es kann unendlich viele potenzielle Gründe geben, die gegen eine bestimmte Handlung sprechen. Manche mögen hinreichend, gültig sein, andere (vielleicht alle) mögen unzureichend, unbegründet sein. Man kann sie der Reihe nach widerlegen. Aber es werden immer einige übrig bleiben, und man wird nie beweisen können, dass keine mehr übrig sind. Mit anderen Worten: Die Aussage, diese oder jene Handlung wäre schädlich, ist nicht falsifizierbar. Insofern widerspräche es jeder Logik, wenn man die Schädlichkeit der Handlung beweisen müsste. Dagegen ist jeder mögliche Einwand gegen die fragliche Handlung verifizierbar. Wenn solche Einwände bestehen, ist es an den Kritikern, zu beweisen, dass ihre Einwände ein Verhindern der Handlung tatsächlich rechtfertigen.

All das klingt furchtbar einfach und banal. Einfach ist es wohl, aber nicht banal. Im Gegenteil, es ist von entscheidender Bedeutung für die Beschaffenheit des intellektuellen Klimas, der „Kultur" einer politischen Gemeinschaft. Die Freiheitsvermutung muss entschieden bekräftigt werden, und sei es nur als Antidot gegen die Verbreitung jenes Rechtsanspruchs, der dem Freiheitsbegriff entgegensteht und ihn untergräbt und der so sehr zu einer Verzerrung und Schwächung des Liberalismus in den letzten Jahrzehnten beigetragen hat. Diesem Anspruchsdenken zufolge haben die

Menschen das Recht, bestimmte Dinge zu tun, und bestimmte andere Dinge dürfen ihnen nicht angetan werden. Bei näherem Hinsehen zeigt sich, dass diese Rechte die Ausnahmen einer stillschweigend akzeptierten allgemeinen Regel sind, wonach alles andere verboten ist. Andernfalls wäre es überflüssig und sinnlos, das Recht auf freie Handlungen zu verkünden. Die Dummheit, die dieser Haltung zugrunde liegt, und ihre erschreckende Wirkung auf das politische Klima zeigen, wie weit sich die Beliebigkeit des zeitgenössischen liberalen Denkens von einem strengen Gebäude entfernen kann, das der Sache der Freiheit dient, statt sie in bombastischem Wortgeklingel zu erdrücken.

„Der König hat seinen Willen ausgedrückt, die Untertanen haben sich seinem Willen zu beugen" ist ein Grundsatz der Unterwerfung. Das gleiche Prinzip galt für die Bürger von Venedig, die der Signoria gehorchen mussten, welche der Legislative die Macht gab, Gesetze zu erlassen, während eine Mehrheit von Wählern die Gesetzgeber wählen konnten. Das eine ist „demokratischer" als das andere, aber für alle gilt: Alle Mitglieder einer Gemeinschaft müssen sich den Entscheidungen nur eines Teils dieser Gemeinschaft beugen, und zwar gewissermassen schon im Voraus, noch ehe feststeht, wie diese Entscheidungen konkret aussehen.

Dass dies für das praktische Funktionieren eines Staates notwendig ist, lässt sich vernünftig begründen. Es mögen gute Gründe sein, aber es ändert nichts daran, dass wir es mit einem unerhörten Grundsatz zu tun haben. Unterwerfung ist moralisch vertretbar, wenn sie freiwillig erfolgt, und freiwillige Unterwerfung rational denkender Individuen ist von Fall zu Fall vorstellbar. Als allgemeiner Grundsatz, der auf das Ausstellen eines Blankoschecks hinausläuft, kann Unterwerfung weder freiwillig noch rational sein. Wenn das Regieren eine allgemeine Unterwerfung erforderlich macht, was durchaus möglich ist, dann erweist sich die Legitimation der Regierung, jeder Regierung, als moralisch unhaltbar.

Eigentum und Versprechen

Heisst das, dass strenge Liberale ihre jeweilige Regierung nicht als legitim akzeptieren können, sondern im Grunde für Anarchie eintreten? Logischerweise muss die Antwort beide Male ja lauten, aber es ist ein ja, das in seinen praktischen Konsequenzen zwangsläufig beschränkt wird durch die Realität der sozialen Gegebenheiten.

Gesetze und Vorschriften können geregelte soziale Praktiken vorschreiben, damit ein halbwegs vernünftiges und friedliches Miteinander erreicht wird. Tatsächlich sind viele unserer Praktiken heute geregelt - viele, aber nicht alle. Einige wichtige und viele weniger wichtige, aber nützliche Dinge werden durch Übereinkunft geregelt.

Anders als Gesetze, die befolgt werden müssen, sind diese Konventionen freiwillig. Es handelt sich um ein spontanes, von allen Beteiligten akzeptiertes Gleichgewicht, von dem niemand abweichen kann, weil er sich vielleicht einen Nutzen davon verspricht, da er mit Bestrafung durch die anderen rechnen muss. Anders als Gesetze, denen staatlicherseits Geltung verschafft wird, gründen Konventionen auf Selbstüberwachung. Dank ihrer Freiwilligkeit ist ihr moralischer Status gesichert.

David Hume war der erste grosse Philosoph, der Konventionen ganz allgemein definiert hat, vor allem zwei besonders wichtige, Eigentum und Versprechen. Hayeks „spontane Ordnung" ist im Sinne einer solchen Konvention zu verstehen. John Nash hat die Natur sich selbst überwachender Konventionen dargelegt, und jüngere Entwicklungen der Spieltheorie zeigen, dass konfliktbehaftete Kooperationsprobleme, die früher als „Dilemma" galten und staatliches Eingreifen erforderten, in Konventionen potenzielle Lösungen haben.

Philosophie

Ein immer unangenehmerer Staat

Man kann leicht plausible Szenarien beschreiben, in denen sich spontane Konventionen herausbilden, die dem Schutz der Beteiligten dienen. Solche Szenarien stehen auf einem leeren Blatt, aber in Wahrheit ist die Seite schon längst mit dem gefüllt, was die Vergangenheit darauf geschrieben hat. Im Abendland haben mindestens zwei Jahrhunderte mit immer mehr Gesetzen, Regeln, Steuervorschriften und staatlichen Versorgungseinrichtungen (das heisst Rückgriff auf das Prinzip der Unterwerfung) dazu geführt, dass sich die Menschen auf den Staat verlassen. Die Gesellschaft braucht die alten Konventionen nicht mehr, ihre Fähigkeiten, alte Konventionen zu pflegen und neue zu entwickeln, sind geschwunden.

Angesichts dieser Tatsache steht kaum zu erwarten, dass der Staat verschwindet und einer geordneten Anarchie Platz macht. Sehr viel eher dürfte sich ein anderer, möglicherweise unangenehmerer Staat herausbilden. Dies begrenzt die praktischen Möglichkeiten eines strikten Liberalismus. Trotz der Logik der These, dass der Staat im Grunde nicht notwendig ist, und obwohl eine geordnete Anarchie sehr reizvoll erscheint, lohnt es sich kaum, für die Abschaffung des Staates einzutreten. Aber es lohnt sich, immer wieder seine Legitimität in Frage zu stellen. Die fromme Lüge vom Gesellschaftsvertrag darf nicht dazu führen, dass der Staat den Gehorsam seiner Bürger allzu sehr als Selbstverständlichkeit voraussetzt. In der Demokratie gibt es einen eingebauten Mechanismus, wonach sich der Staat durch missbräuchliche Verwendung des Unterwerfungsgrundsatzes Unterstützung erkauft. Der lockere Liberalismus nennt das soziale Gerechtigkeit. Der strikte Liberalismus kann diese staatlichen Übergriffe Schritt für Schritt bekämpfen, überall dort, wo es noch schützenswerte private Bereiche gibt und vielleicht sogar Bereiche staatlichen Handelns reaktiviert werden können.

Immer wieder versuchen die Menschen, das Gefälle zwischen Glück und Unglück, zwischen Erfolg und Misserfolg, durch Interventionen und erzwungene Umverteilung auszugleichen. Dieser Kampf um eine sogenannt gerechtere Verteilung von Glück vermag die Tatsache der Ungleichheit nicht aus der Welt zu schaffen.

Der Kampf zur Erzwingung des Glücks

Es gab eine Zeit, da in den Rechtsstaaten des Westens die persönlichen Verhältnisse eines Menschen, wie zum Beispiel seine Stellung in der Gesellschaft, sich nur dann als ungerecht brandmarken liessen, wenn sie nachweislich auf einen Rechtsbruch zurückzuführen waren. Die Rechtsordnung war zeitlos und im Öffentlichen Recht und im Privatrecht niedergelegt. Ferner war es Gemeingut, dass einige Menschen im Leben erfolgreicher sein würden als andere, ohne dass dabei ein Rechtsbruch im Spiel gewesen wäre, und dass Reichtum oder Armut per se keine Beweise geschehenen Unrechts darstellten.

Mit dieser Sicht übereinstimmend war eine Laissez-faire-Wirtschaft und die Auffassung, es gehöre zu den Pflichten des Staates, die Unverletzlichkeit des Privateigentums zu gewährleisten. Es ist augenfällig, dass damit gleichzeitig jeglicher Art von Umverteilung die Legitimität entzogen war. Die moderne Demokratie dagegen ist geradezu gezwungen, mit Umverteilungsangeboten zu arbeiten, um Mehrheiten zusammenzubringen; sie kann es sich somit nicht leisten zuzugeben, dass es sich dabei um illegale Praktiken handelt. Die klassische Sicht, es gebe „keine Ungerechtigkeit ohne vorangegangenes Unrecht", musste deswegen vom Tisch.

Ersatz für sie wurde eine Weile lang in der „sozialen Gerechtigkeit" gefunden. Im Gegensatz zu Gerechtigkeit tout court, gibt es

Philosophie

bei der „sozialen Gerechtigkeit" keine Gesetze, die gehalten oder gebrochen werden könnten. Deshalb lässt sich von keinen Umständen je sagen, sie seien „sozial gerecht". Denn unablässig und in jedem Fall können sie noch gerechter gemacht werden, indem man ein weiteres Legosteinchen an das Wohlfahrtsgefüge dranpackt, das die Umverteilungs-Vergangenheit für uns errichtet hat. Soziale Gerechtigkeit ist ein unendlich handlicher Begriff, denn er legt nacktem politischen Opportunismus oder gleichmacherischem Eifer den würdigen Mantel der Gerechtigkeit um. Bloss ist er bar jeglichen Sinngehalts und bedarf daher dringend des Beistands einer intellektuell attraktiveren und etwas vollständigeren Theorie.

Zur Rechtfertigung der Umverteilung stützt diese sich auf zwei Behauptungen, deren eine will, dass die Gesellschaft am besten prosperiere und wachse, wenn sie als eine Art Versicherungsverein auf Gegenseitigkeit funktioniere. Demgemäss werden Opfer höherer Gewalt - Erdbeben, Trockenheit, Brandkatastrophen, Überschwemmungen - im einen Teil des Landes durch die anderen, verschonten Einwohner entschädigt, und das Leben kann weitergehen. Angeblich ist dieses System von unseren Jäger-und-Sammler- Vorfahren auf uns gekommen, bei denen der vom Glück begünstigte Jäger seine Beute mit den leer zurückgekehrten Stammesgenossen teilte, in der Erwartung, das nächste Mal würden diese dann mit ihm teilen. Das System hat im Falle verderblicher Beute eine einleuchtende Logik, wird aber fragwürdig, sobald sich die Beute aufbewahren lässt, vollends bedenklich jedoch dann, wenn es immer dieselben „Jäger" sind, die teilen müssen, weil immer sie Glück und immer die anderen Pech haben.

Ganz besonders unschön ist zudem, dass das System nach dem Prinzip der schiefen Ebene funktioniert. Anfänglich werden nur Katastrophenopfer entschädigt. Doch wenn ein Hochwasseropfer abgefunden wird, warum dann nicht das Opfer einer Marktüberschwemmung durch billige chinesische Textilimporte? - nicht zu reden von den Opfern des technischen Fortschritts, eines Geschmackswandels der Konsumenten, einer restriktiven Finanzpolitik. Offensichtlich werden sich immer mehr Opfer finden, die für mehr und mehr Dinge entschädigt werden wollen, die mit höherer Gewalt nicht das geringste zu tun haben. Auch wird das System nicht auf Gegenseitigkeit beruhen, da es annähernd die ewiggleiche Gruppe von Leuten sein wird, die immerfort zur Kasse gebeten werden. Was als Versicherung auf Gegenseitigkeit daherkommt, ist in Tat und Wahrheit blanke Umverteilung, ohne jeden Anschein von Gerechtigkeit.

Das zweite Standbein dieser - wie man sie nennen könnte - Theorie der „Gerechtigkeit ohne Gesetze" postuliert, einfach ausgedrückt, dass Gerechtigkeit als Fairness zu verstehen sei und dass dem - seinem Wesen nach unfairen - Glück nachgeholfen werden müsse. Eines Menschen vererbte oder erworbene Fähigkeiten, seine Charaktereigenschaften und sein Besitz, sein Wille und seine Befähigung Wissen zu erwerben und Anstrengungen auf sich zu nehmen - alle sind sie „Glücksgeschenke", die „moralisch willkürlich" sind, da er nichts dafür getan hat, sie zu verdienen. Ebensowenig hat ein Mensch, der nur wenige solcher Gaben mitbekommen hat, seine dürftige Ausstattung selbst verschuldet.

Die Gerechtigkeit-als-Fairness-Theorie macht uns nun weis, damit alle Menschen trotz ihrer Unterschiedlichkeit zu einer Einigung über ein System sozialer Einrichtungen (einschliesslich der Besteuerung des Einkommens und des Vermögens) zu gelangen vermöchten, müssten die Verhandlungen darüber hinter einem „Schleier der Unwissenheit" stattfinden, das heisst, jeder einzelne hätte seine eigene jeweilige Ausstattung auszublenden und zu vergessen. Aller Gaben völlig entkleidet, ist dann jeder haargenau gleich wie jeder andere. Niemand hat mehr als der andere, niemand ist vom Glück begünstigt, und niemand vom Unglück benachteiligt. Da keiner von sich weiss, ob er im wirklichen Leben intelligent oder dumm, vom Glück gesegnet oder vom Unglück geschlagen ist, werden alle für eine Gesellschaft stimmen, in der jede Ungleichheit aufgehoben ist. Die Auswirkungen des Glücks sind aus dem System herausgefiltert, da die Menschen - von Fairness beseelt - damit einverstanden sind, diejenigen Institutionen zu schaffen, die dem Glück die Launen austreiben.

Es ist willkürlich, wenn auch nicht völlig absurd zu behaupten, ein unverdienter Vorteil sei unfair. Völlig absurd und ein krasser sprachlicher und logischer Schnitzer ist hingegen die Behauptung, alles was nicht verdient sei, sei unverdient. Zwischen dem, was verdient und dem was unverdient ist, gibt es eine immense Bandbreite von Dingen, die moralisch neutral - weder verdient noch unverdient - sind, d.h. einfach existent, Tatsachen des Lebens.

Aber die Bedeutung dieser Absurdität verschwindet neben dem wirklich furchterregenden Missgriff, die Gesellschaft darauf zu verpflichten, im Dienste der „sozialen Gerechtigkeit" oder ein etwas weniger konfuser Ausdruck - der „Verteilungsgerechtigkeit" gegen die elementarsten und mächtigsten Kräfte des Lebens in den Kampf zu ziehen, um das Glück an die Kandare zu nehmen. Gesellschaften, die dies auch nur zum Teil versuchten - die verblichene Sowjetunion lässt grüssen -, sind unter der Anstrengung zusammengebrochen. Reife Wohlfahrtsstaaten, die diesen Weg ein Stück weit gegangen sind, sind von den explodierenden Kosten in die Knie gezwungen worden. Das Glück ist ein äusserst ernstzunehmender Gegner, und es ist ein Kapitalfehler, es mit Hilfe der Gerechtigkeit zwingen zu wollen.

Neue Zürcher Zeitung, Rubrik Wirtschaft, 2. März 2006, Nr. 51, S. 27

Warum „soziale Gerechtigkeit" ungerecht ist
Fragwürdige Argumente zur Umverteilung von Reich zu Arm

Die Wortkombination „soziale Gerechtigkeit" ist ein Pleonasmus - so wie weisser Schimmel oder alter Greis. Jede Art von Gerechtigkeit, wie sie durch unsere Rechtsordnung (im Zivil-, Straf- oder Verwaltungsrecht) angestrebt wird, ist insofern „sozial", als sie die Verteilung von Besitz, Einkommen und Status, Belohnung und Strafe in einer Gesellschaft gewissen Regeln unterwirft. In der Praxis läuft „soziale Gerechtigkeit" hingegen darauf hinaus, alles, was die geltenden Regeln des Rechtssystems bereits verteilt haben, nochmals umzuverteilen. Mittels einer kühnen linguistischen Pirouette wird Umverteilung mit Gerechtigkeit in Verbindung gebracht. So erhält diese einen emotional geladenen moralischen Anstrich, dem man sich schwer widersetzen kann.

UNGERECHTIGKEIT SETZT UNRECHT VORAUS

Die Verfechter „sozialer Gerechtigkeit" begehen – vielleicht unwissentlich – einen doppelten intellektuellen Betrug. Zum einen verbergen sie, dass ihr Credo nichts mit Gerechtigkeit zu tun hat. Zum anderen verstecken sie hinter demokratischen Floskeln die Tatsache, dass die Umsetzung „sozialer Gerechtigkeit" in die Praxis höchst ungerecht ist. Der Begriff Gerechtigkeit ist dann angebracht, wenn durch einen Regelverstoss ein Unrechtsstatus entsteht und mittels verschiedener rechtlicher Verfahren Gerechtigkeit wiederhergestellt wird. Wer mit dem Schlagwort „soziale Gerechtigkeit" operiert, kann dagegen von einer Situation behaupten, sie sei ungerecht (gewisse Leute verdienten zu viel Geld, einige Bedürfnisse würden nicht befriedigt, wahre Verdienste würden nicht anerkannt), ohne beweisen zu müssen; dass diese Verhältnisse die Folge unrechtmässiger Vorgänge sind. So entsteht eine ungerechte Welt quasi aus sich selbst heraus, in einer Art und Weise, die - ähnlich der unbefleckten Empfängnis - vage und mystisch bleibt. Der „Prozess" gegen den Status quo kann damit ohne jede Beweise geführt werden, also ob es offensichtlich wäre, dass die Welt ungerecht ist und Gerechtigkeit nur durch eine massive Umverteilung wiederhergestellt werden kann. Auf diese Art und Weise lässt sich allerdings nie eine Verteilung erreichen, die nicht ihrerseits wieder nach Umverteilungen ruft. Es beginnt ein endloses Verfahren hin zu einem undefinierten Fernziel von „sozialer Gerechtigkeit", das logischerweise nicht erreicht werden kann, weil es ganz einfach keine stabilen Kriterien dafür gibt.

Endloser Prozess des Umverteilens

Die unstabile Natur „sozialer Gerechtigkeit" lässt sich gut anhand eines Spiels mit drei Personen verstehen, unter denen zu Beginn goldene Eier ungleich verteilt werden: Einer beginnt (relativ) reich, einer arm, ein dritter in der Mitte. Wie viele Eier dann jeder behalten darf, wird durch Mehrheitsentscheid bestimmt. Selbstverständlich werden sich der Mittlere und der Arme zusammentun und einige oder alle Eier des Reichen unter sich verteilen. In der nächsten Runde wird ein anderer der Reiche sein, und seine Eier werden weggenommen. So geht es immer weiter, wobei die Rolle des Reichen in jeder Runde einem anderen zufällt. Sollte allerdings einer der drei lernen, selber goldene Eier zu legen, wird immer er es sein, dem Eier weggenommen werden. Die Rollen werden nicht mehr getauscht.

Die Spielregeln dieses Spiels entsprechen der demokratischen Grundregel, dass Abstimmungen per Mehrheitsentscheid gefällt werden, wobei jeder Bürger seine Stimme anonym abgeben kann. Unter dieser Voraussetzung können andere potenzielle Spielverläufe wie eine Umverteilung von Arm zu Mittel und Reich oder die Einstellung jeglicher Umverteilung nie zustande kommen. Die Umverteilung von Reich zu Mittel und Arm ist immer die dominante Lösung. Diesem Muster folgen denn - grob gesagt - auch die Steuer- und Abgabensysteme der meisten entwickelten Länder, seit diese das allgemeine Wahlrecht und die geheime Stimmabgabe kennen.

INTELLEKTUELLE UNEHRLICHKEIT

Umverteilung wird oft mit dem Argument verteidigt, die Demokratie sei per se gut - und damit alles, was demokratisch zustande komme. In dieser Behauptung steckt ein Werturteil, über das sich endlos streiten liesse. Selbstverständlich ist jede Gesellschaft frei, Massnahmen zu treffen, die die Armen auf Kosten der Reichen begünstigen. Trotzdem verstossen solche Massnahmen gegen die Gerechtigkeit; es ist intellektuell unehrlich, das Gegenteil zu behaupten. Kein allgemein anerkannter Rechtsgrundsatz erlaubt es zwei Personen, eine dritte zu enteignen. Und was für ein Drei-Personen-Spiel gilt, gilt auch für ein Spiel von drei Millionen Menschen. Dass bei jeder Umverteilung Ungerechtigkeit im Spiel ist, haben auch Denker der politischen Mitte und der gemässigten Linken gespürt. Sie haben daher versucht, „soziale Gerechtigkeit" mit Gerechtigkeit in Einklang zu bringen, vor allem unter den Stichwörtern Gesellschaftsvertrag und Sozialismus.

HINTER DEM SCHLEIER DER UNWISSENHEIT

So wurden Varianten des Gesellschaftsvertrags lanciert, in denen jene, die die Last der Umverteilung tragen, diesen genauso bereitwillig akzeptieren wie jene, die davon profitieren. Erklärt wird dies damit, dass die Menschen bei der Zustimmung zum

Philosophie

Gesellschaftsvertrag hinter einem „Schleier" agierten, durch den der Vertrag wie ein Mittel zur Risikoverteilung aussehe. Diese Sicht spricht die verbreitete Meinung an, es handle sich bei der Gesellschaft um eine Versicherung auf Gegenseitigkeit - nur dass hier immer die gleichen (reichen) Leute die gesamte Prämie zahlen und die anderen sie einlösen.

In der Version der amerikanischen Ökonomen J. Buchanan und G. Tullock sind die Reichen, Fähigen und Dynamischen bereit, einen Teil ihres höheren Einkommens zugunsten der Bedürftigen aufzugeben, weil sie erwarten, den Verlust mehr als kompensiert zu bekommen, falls sie selber bedürftig werden sollten. Ob dies eine rationale Art ist, sich gegen zukünftige Not zu versichern, hängt selbstverständlich davon ab, für wie wahrscheinlich man es ansieht, in Not zu geraten, wie lange das Leben als Bedürftiger schätzungsweise dauert und wie hoch die „Versicherungsprämie" in Form zusätzlicher Steuerzahlungen für die Befreiung von diesem Risiko ist. Es erscheint, vorsichtig ausgedrückt, zweifelhaft, dass der Netto-Gewinn aus diesen Variablen gross genug ist, um eine beinahe einstimmige Akzeptanz eines Umverteilungsvertrags zu bewirken.

MISSACHTUNG INDIVIDUELLER LEISTUNG

In der bekannteren (weitherum bewunderten) Theorie des Philosophen J. Rawls verlangt es die Fairness, dass die Gutgestellten und Fähigen erkennen, dass sie ihre Vorteile aus moralischer Sicht nicht verdienen. Deshalb sollten sich diese „Bessergestellten" so verhalten, als ob sie die Zukunft durch einen „Schleier der Unwissenheit" sähen. In diesem Fall würden sie bereitwillig eine extrem egalitäre Verteilung von Einkommen und Reichtum befürworten. Allerdings ist die Annahme, alle Vorteile, die man nicht durch originäre eigene Leistung „verdient" hat, seien moralisch unverdient, philosophisch mehr als fragwürdig. Sie würde schon für sich allein die Rawlssche Theorie in Frage stellen, selbst wenn diese keine weiteren, grundlegenden Schwächen aufwiese.

Moderne sozialistische Rechtfertigungen von „sozialer Gerechtigkeit" die den Ballast der naiven marxistischen Arbeitswerttheorie abgeworfen haben, basieren alle auf der Idee, dass Einkommen nicht durch individuelle Anstrengung generiert wird und dass es nicht das Sparen des Einzelnen ist, das zu einer Anhäufung von Reichtum führt. Alles hänge von vergangener und gegenwärtiger Kooperation ab, so dass es absurd sei, zu behaupten, ein Individuum habe persönlich etwas verdient und solle berechtigt sein, diesen Verdienst auch zu bekommen. Das Sozialprodukt sei das Resultat vergangener und gegenwärtiger kollektiver Anstrengungen, und es stehe deshalb der Gemeinschaft zu, über seine Verteilung frei zu verfügen. Die Grenzproduktivität als Mass für den Beitrag des Einzelnen wird in Sichtweise ebenso ignoriert wie das Muster verschiedenen Einkommen, das daraus resultiert.

Der langen Rede kurzer Sinn ist: Wenn Umverteilung als legitim gelten soll, braucht es dafür sehr gute Gründe, Gründe, die stark genug sind die ungerechte Natur jeder Umverteilung zu kompensieren. Das sollten wir ehrlich zugeben, statt dem Dilemma einfach aus dem Weg zu gehen, indem wir das Vorgehen ungeniert als „soziale Gerechtigkeit" bezeichnen.

Philosophie

2008, Deutsche Erstveröffentlichung

Papageiengeschwätz

Viele Sozialwissenschaftler und politische Journalisten halten sich Papageien als nützliche Arbeitstiere. Diese Papageien sind gut bei ihren Meistern versteckt und so wohl trainiert, dass wir die Stimme ihres Herrn zu hören glauben, wenn sie zu sprechen beginnen. Und doch kann man erkennen, dass es der Papagei ist der hier schwätzt, weil es ja meist die gleichen wenigen Texte sind, die hier ständig wiederholt werden. Die meisten der Papageien mögen den einen oder anderen dieser hier in kursiv wiedergegebenen Texte:

Die „soziale Marktwirtschaft" ebenso wie der „Marktsozialismus" beruhen auf jenem, erstmals von John St. Mill, dem grossen liberalen Denker verkündeten Prinzip, nach dem die Produktion der Güter den ökonomischen Gesetzen zu folgen hätte, über deren Verteilung aber die Gesellschaft zu bestimmen hat.

Nun, die traurige Wahrheit ist, dass Mill dies tatsächlich behauptet hat. Er dürfte sich, ähnlich vieler heutiger Sozial-Reformer vorgestellt haben, dass Produktion und Verteilung zwei unterschiedliche Vorgänge sind, die zeitlich aufeinander folgen. Zunächst wird also der Kuchen gebacken, sodann schneiden wir ihn und anschliesssend werden die Stücke verteilt. Spätestens hier muss dann entschieden werden, ob diese nun alle gleich oder einzelne grösser sein sollen, wem welches Stück zusteht oder ob alle eines haben sollen. Glücklicherweise wurde der Kuchen bereits gebacken und wird durch die Art des Zerteilens weder grösser noch kleiner werden.
  Diese eher kindliche Geschichte lässt natürlich für einen Moment den Gedanken aufkommen, Produktion und Verteilung wären gleichzeitige Aspekte des wirtschaftlichen Prozesses. Der Ausstoss wird also während der Produktion bereits verteilt.

Arbeiter erhalten davon einen Teil als Lohn für ihren Einsatz, die Kapitaleigentümer erhalten etwas als Zinsen und Pacht im Austausch für ihr vorhergegangenes Sparen. Und den Unternehmern steht dann der Rest für die Organisation und das getragene Risiko zu. Sobald der Kuchen „gebacken" ist, wird er aufgeschnitten und allen die am Backen teilnahmen, wurden Stücke zugeteilt. Bei dieser lückenlosen Verteilungsentscheidung bleibt für die „Gesellschaft" kein Rest mehr übrig.

Was die „Gesellschaft" aber kann und gewöhnlich tut, ist die Zwangsgewalt des Staates zu nützen, um sich durch direkte oder indirekte Besteuerung in den Besitz von Anteilen an den Kuchenstücke aller zu bringen. Daher gelingt es die ursprüngliche Verteilung durch eine Art „Nachverteilung" zu modifizieren. Sollte man nun aber glauben, dass dieses Verändern nicht auch das gleichzeitige „Backen des Kuchens" beeinträchtigt, so ist man einfach gutgläubig.

Vollkommene Gleichmacherei ist kein realistisches Ziel. Nicht die Gleichheit der Resultate, sondern die Chancengleichheit sollte angestrebt werden.

Wieder wurde dem Papagei ein kindlich naives Missverständnis beigebracht wie die Einzelnen durch Kooperation und Wettbewerb um ihren Platz in der Gesellschaft eifern. Dieses Missverständnis findet sich in seiner attraktivsten und überzeugendsten Form in Ronald Dworkin's[1] vielzitierten Phrase über die „Gleichheit am Startplatz" als das eigentliche Ziel sozialer Gerechtigkeit. Diesen „Startplatz" aber gibt es gar nicht. Genauer gesagt, ist der tägliche Gang auf unserem Weg durchs Leben immer sowohl „Startplatz" für kommende Dinge, wie auch das „Ergebnis" unserer bisherigen Reise.

Zunächst ist es unmöglich Einzelne in einem bestimmten Alter, etwa mit 12, mit 18 oder 24 Jahren an einer Art „Startplatz" in einer solchen Weise aufzureihen, dass allen die „gleiche Möglichkeit", in der jeder die selbe Chance zu gewinnen wie jeder andere hat, geboten wird. Bruce Ackerman, der bekannte amerikanische

Philosophie

Sozialwissenschaftler und zweifellos Herr eines redegewandten Papageis schlug vor kurzem vor, dass jeder jungen Frau oder Mann anstelle einer allenfalls zu erwartenden Erbschaft einmalig die Summe von $80 000 gegeben werden sollte. Die Erbschaft würde dann der Steuer zufallen. Mit dieser Massnahme würde jeder junge Mensch am „Startplatz" das gleiche Vermögen von der „Gesellschaft" erhalten, anstatt einige von ihren Familien Millionen, andere aber nichts. Natürlich würde dies für die individuelle Sparrate katastrophal sein, weil ältere Leute ja allen Grund hätten Ersparnisse noch vor ihrem Tod aufzulösen, um sie der Besteuerung vorzuenthalten. Schliesslich dürfen sie ja nichts ihren Nachkommen hinterlassen.

Auch wenn die Wirkung auf die persönliche Sparrate vernachlässigt werden könnte, die wirkliche Nutzlosigkeit der „Startplatz" Idee kann es nicht. Unterschiedliche Kinder haben nun einmal unterschiedliche Eltern. Und diese Eltern vererben ihren Kindern wiederum verschiedene genetische Begabungen, wie Intellekt, Willensstärke, Pflichtbewusstsein, und eine perfekte oder weniger perfekte physische Erscheinung. Ebenso bieten unterschiedliche Eltern ihren Kinder eine grundverschiedene Erziehung zu Hause, die von intensiver Betreuung bis zur vollkommenen Vernachlässigung reichen kann. Selbst wenn sämtliche Schulen gleichgeschaltet werden könnten - gewiss eine Grundvoraussetzung für gleiche Möglichkeiten - hätten beim Schulabgang doch alle Jungen unterschiedliche Freunde, Zugang zu verschiedenen Kreisen und sehr verschieden ausgeprägte Fähigkeiten, den Lebensweg zu meistern. Und schon nach einem halben Leben wären einige bereits meilenweit in Wohlstand, im Ruf und in der Erfahrung den anderen überlegen. Sollte aber der „Startplatz" für die mittlere Altersgruppe gesetzt werden, so müsste diese aller ihrer bisher erworbenen Vorteile entledigt werden, bevor sie dorthin dürften. Die Gleichheit am Startplatz müsste bis zu diesem Zeitpunkt wohl durch Erzwingung der Gleichheit des Resultates gesichert werden.

Um die grösste Chancengleichheit zu erreichen, müsste der Logik folgend der „Startplatz" zu einem Zeitpunkt im Leben festgelegt werden, an dem die erworbenen Vorteile minimal wären, vermutlich also entweder vor dem Kindergartenalter oder gleich bei der Geburt. Zu jedem späteren Moment wäre dann immer mehr Gleichheit des Resultates bis hin zum ‚Startplatz' durchzusetzen, um eben die Startposition so gleich als nur möglich zu machen. Jedefalls aber ist es ein grober Fehler zu behaupten, die Chancengleichheit könnte von der Gleichheit des Ergebnisses getrennt werden.

In einer gerechten Gesellschaft müssen die Einzelnen ein Recht auf die grösstmögliche Freiheit haben, die derselben Freiheit für alle vergleichbar ist.

Dieser Satz, verbunden mit der sogenannten „lexikalischen" Reihung der Freiheit, die einen Austausch von Freiheit mit anderen Werten ausschliesst, ist der Kern des ersten Prinzips der Gerechtigkeit, das John Rawls in seinem berühmten Buch „A Theory of Justice"[2] postuliert. Wenn es auch fairerweise kaum Rawls zur Last gelegt werden kann, ist dieses Prinzip doch eines der wohl am häufigsten wiederholten Beispiele von Papageiengeschwätz.

Die grösstmögliche Freiheit für mich, die mit der gleichen Freiheit für Dich und alle anderen vergleichbar ist, legt in peinlicher Klarheit dar, dass es mir demnach freisteht von Dir oder allen anderen zu stehlen, solange es Dir ebenso unbenommen ist, mich oder alle anderen zu berauben. Wir sind auch frei alle nur denkbaren Handlungen zu setzen, wenn unser Handeln allen anderen die Freiheit lässt, ihrerseits nach Belieben zu agieren.

Die Klausel „vereinbar mit Gleichem für andere" ist offensichtlich nicht nur unzulänglich, sondern als allein stehendes Kriterium einer gesellschaftlichen Freiheit, auch eine Absurdität. Solche unglücklichen Missgriffe können schon passieren und niemand ist davor gefeit. Gewiss meinte Rawls auch weder das, was sein Satz aussagt, noch ist es der Fehler der Papageien das zu wiederholen, wofür sie trainiert wurden. Wenn es nur damit getan wäre, so könnte alles verziehen werden.

Philosophie

Bedauerlicherweise ist dann aber ein weniger ins Auge fallender Definitionsfehler doch unverzeihlich. Es ist einfach zu erkennen, dass die Idee der Freiheit dann zur Absurdität wird, wenn alle erdenklichen Handlungen frei wären; nun können aber nur einige dieser Handlungen unbeschränkt sein, weil es mir ja sonst jederzeit frei stünde, Dein Kind zu töten, und Du dann mit derselben Begründung meines. Die Grenzen rationalen und auch freien Handelns ergeben sich aus Regeln, die solche Unrechtshandlungen verbieten, also ein Unrecht darstellen das niemand anderen zufügen darf. Nach diesem Ansatz, würden dann Handlungen die kein Unrecht darstellen, Freiheiten sein. (Einige Freiheiten können sich durch freie Verträge in Verpflichtungen verwandeln). Diese bleiben dann übrig, wenn Unrecht ausgeschlossen ist.

Daher ist es bedenklich auf das Papageigeschwätz zu hören, das Rawls' „Recht auf Freiheit" oder die „Rechte auf Freiheiten" wiederholt. Diese Terminologie betont, dass wir ein Recht haben, das zu tun, wozu wir frei sind. Wenn es uns aber schon unbenommen ist das zu tun, wozu brauchen wir dann noch ein Recht? Die Phrase aber könnte auch so ausgelegt werden, dass wir ein Recht auf unsere Freiheiten haben, die wenn sie jemand behinderte, eine unerlaubte Rechtverletzung darstellte. Diese Person (oder Institution) aber wäre nicht in der Lage eine unserer Freiheiten zu missachten, ohne ein Unrecht zu begehen und die Regeln zu übertreten, die unsere Freiheiten definieren und beschränken. Das „Recht auf Freiheit" heisst somit einfach, dass wir ein „Recht" auf Unversehrtheit haben. Nachdem dies aber der Inhalt der Regeln ist, wofür steht dann unser „Recht"? Entweder ist es die Regel oder das Recht, eines ist daher überflüssig.

Das wirklich beunruhigende an diesem gedankenlosen Missbrauch des Wortes „Recht" ist die leichtfertig formulierte Annahme, dass jede nur vorstellbare Handlung verboten ist, solange uns nicht auf irgendeine Weise dazu ein „Recht" zukommt, das in diesem Fall dann zur Freiheit wird. Es braucht ein Recht sie aus der Übermacht der Verbote zu heben. Der geläufig Ausspruch „alles wäre verboten, solange es nicht speziell erlaubt ist" ist eine ziemlich erschreckende Perspektive. Und doch sollten wir uns fragen, von wem denn diese Erlaubnis stammt, wer uns dieses „Recht auf die grösstmögliche Freiheit" schenkt, und wer eigentlich darüber entscheidet, was möglich und was unmöglich ist?

Eigentumsrechte werden von der Gesellschaft gewährt und unter ihrer Obhut auch verteidigt. Es ist generell nutzbringend Eigentumsrechte zu haben, allerdings ist die Gesellschaft in ihrer Schutzfunktion berechtigt, diese zu modifizieren, zu übertragen und im öffentlichen Interesse auch zu widerrufen.

Die hier zugrunde liegende Idee ist, dass Eigentum sowohl gesellschaftlich geschaffen, wie auch gesellschaftlich geschützt ist. Daher steht einzelnen Eigentümern dieses nur dank der Grosszügigkeit und des Wohlwollens der Gesellschaft zu. Die Gesellschaft wird deren Recht gegenüber anderen Menschen durchsetzen, nicht aber gegen sich selbst.

Dies entspricht in vereinfachter und essentieller Form einer ganzen Reihe verwandter Lehren, die alle individuellen Besitz („privates Eigentum") wohl akzeptieren, aber Gründe vorgeben, warum Privateigentum dem politischen Willen der Gesellschaft unterworfen sein sollte. Dieser könnte dann ganz legitim nicht nur die Nutzung und Disposition privaten Eigentums verbieten oder regeln, sondern es ebenso mit oder ohne Kompensation enteignen. Die genauen Massnahmen variieren dann zwischen „demokratischem Kapitalismus" und „Sozialdemokratie", wobei das Papageiengeschwätz die vereinfachte Form annimmt.

Nun, Eigentum muss nicht notwendig ein gesellschaftliches Produkt sein. Es kann auch durch individuellen Einsatz, vollkommen losgelöst von der Gesellschaft entstehen, wie etwa im Falle des selbstversorgenden Kleinbauern oder des Hirten im freien Gelände. Der grösste Teil des materiellen und immateriellen Eigentums aber wird natürlich im Zuge gesellschaftlicher Kooperation produziert. Diese Tatsache macht es in keiner Weise zu einem gesellschaftlichen Eigentum, ausser in einem rein semantischem Sinn. Jeder vom Eigentümer besessene Gegenstand entstand in seiner momentanen Form durch den Einsatz zahlloser Güter und Leistungen, bereit gestellt von ehemaligen oder gegenwärtigen Mitgliedern der Gesellschaft. Diese aber wurden bereits zum Zeitpunkt ihrer jeweiligen Leistungen entlohnt. Ihnen auch jetzt noch einen Anteil am Produkt zukommen zu lassen, würde einer zweiten Bezahlung gleichkommen - eine eher unbegründende Empfehlung, die nicht ernst gemeint sein kann. Der gegenwärtige Besitzer hält sein Eigentum nicht weil ihm die Gesellschaft dies grosszügig erlaubt, sondern weil er alle, die ihn bei der Produktion unterstützt haben schon entlohnte, oder weil er es von irgend jemandem der dies schon erledigt hat, erwarb oder erbte. Bei irgendeinem Glied in der Kette vorhergehender Besitzer mag es durchaus zu einer Eroberung, Konfiszierung, zu einer Besetzung oder zu anderen Brüchen einer Serie gegenseitig vereinbarter Kontrakte gekommen sein. Robert Nozick[3] würde diese Vertragsbrüche durch sein „Verbesserungs-Prinzip" berichtigen, wobei sich aber dessen Eignung für diese Wiedergutmachungen im Ablauf der Zeit ziemlich schnell verringern dürfte.

Eigentum ist weder „gesellschaftlich" weil viele oder gar der grösste Teil der „Gesellschaft" zu seinem Entstehen beigetragen haben, noch ist es von Individuen bedingt besessen, weil es die „Gesellschaft" für sie schützt. Wäre der letztere Einwand richtig, so könnte man ja sagen, wie ich einmal an anderer Stelle meinte, dass Dein Hund Dein Haus besitzt[4].

Viel von dieser Konfusion mag dadurch entstanden sein, dass der Papagei „Eigentumsrecht" plapperte, wenn es eigentlich „Eigentum" heissen sollte. Hier liegt ein weiterer eklatanter Fall der gedankenlosen Verwendung des Wortes „Recht" vor. Ein Recht entsteht entweder durch einen zweiseitigen Vertrag, in dem die eine Partei die Verpflichtung übernimmt das Recht zu honorieren, das die andere Partei erwirbt und durchsetzen kann. Oder es entsteht einseitig dann, wenn eine Autorität, etwa der Staat, einer Partei ein Recht überträgt und einer anderen die Verpflichtung es zu erfüllen.

Wenn Eigentum durch Vertrag erworben wird, so bestehen Recht und Verpflichtung bis die Übertragung bestätigt und die Bezahlung erfolgt ist. Nach vollständiger Erfüllung erlöschen diese

Rechte und Verpflichtungen, und das Eigentum ist somit unbelastet und frei. Dies schliesst eine Reihe von Bedingungen ein, die mit der Nutzung, dem Fruchtgenuss und mit der Auflösung des Eigentums einher gehen, alle Handlungen also die unter die Regeln gegen Unrecht fallen. Mit einem Wort, Eigentum kommt einer Freiheit gleich.

„Eigentumsrechte" bestehen in allen Gesellschaften, ausser in den ganz primitiven. Alle schliessen Eigentum ein. Das Ausleihen von Geld lässt ein Recht auf Rückforderung und eine Verpflichtung zur Rückzahlung entstehen. Ähnliches ensteht auch bei Hypotheken, beim Leasing, bei der Versicherung, bei Optionen, bei „Futures", bei anderen Derivativen und bei Sicherheiten, die für den Rechtsinhaber Vermögenswerte darstellen, für den Schuldner aber Verpflichtungen. Man könnte eigentlich sagen, dass innerhalb der verwirrenden Fülle von „Eigentumsrechten" das Eigentum einen Vermögenswert darstellt, der durch keine Verpflichtung belastet ist.

Spätestens jetzt sollte es klar sein, weshalb es so schädlich ist, wenn der Papagei „Eigentumsrecht" sagt, und eigentlich „Eigentum" gemeint ist. Hier wird ganz unbemerkt suggeriert, dass eine höhere Autorität ein Recht- und Verpflichtungsverhältnis entstehen liess. Ein Recht, Eigentum zu haben wurde dem Besitzer übertragen und eine Verpflichtung dieses Faktum hinzunehmen, entstand somit für alle anderen. Die stillschweigende Annahme jedoch ist, dass eine Bewilligung ebenso zurückgezogen werden kann wie sie zunächst gewährt wurde. Der höheren Autorität steht beides zu. Der Irrtum in dieser Verschleierung wird dann offensichtlich, wenn bemerkt wird, dass unbenommen ihrer Tätigkeit, die höhere Autorität kein neues Rechts- und Verpflichtungsverhältnis entstehen liess. Zu denken, dass ein solches aber doch entstand, wäre der selbe Fehler anzunehmen, dass man ein „Recht auf Freiheit" haben oder erhalten kann. Dies ist der Fehler (eigentlich ein grober Schnitzer), der Gegenstand des kleinen Spasses im oben erwähnten Beispiels des Papageiengeschwätzes war. Wie alle Freiheiten, wird auch die Form die wir Eigentum nennen innerhalb von Regeln die bestimmte Unrechte verbieten, durchgesetzt. Solange es innerhalb dieser Gesetze bleibt, bedarf es weder eines besonderen Rechtes zu seiner Durchsetzung, noch macht es Sinn sich eine Verpflichtung vorzustellen, die allen auferlegt wurde, nichts gegen das Eigentum zu unternehmen, was ihnen durch die Regeln nicht schon verboten ist.

Das Ergebnis dieser unbedachten Doppelaktion ist dann, mit dem Eigentum in gleicher Weise zu verfahren wie mit der Freiheit: Sie stillschweigend so darzustellen, wie wenn sie von höherer Seite gegeben wären, die zwar guten, der Errungenschaften einer weitsichtigen Verfassung bewussten Bürgern zustehen, aber trotzdem Gaben bleiben, die uns von oben zugedacht sind.

---

[1] Ronald Dworkin (1931-), amerikanischer Philosoph, spezialisiert auf Rechts- und politische Philosophie.

[2] Erstmals 1971 bei der Harvard University Press (USA) erschienen.

[3] Robert Nozick (1938-2002) war Professor für Philosophie an der Harvard University

[4] Anthony de Jasay, „Your Dog Owns Your House", in: The Library of Economics and Liberty, April 22, 2002

2008, Erstveröffentlichung

To Each His Own, to Each the Same
(Jedem das Seine, jedem das Gleiche)

Um dem Leser die Gelegenheit zu geben, auch Anthony de Jasay's brillanten englischen Stil kennen zu lernen, haben wir uns entschlossen dieses bisher unveröffentlichte Essay „To Each His Own, to Each the Same" (Jedem das seine, jedem dasselbe) im Original zu belassen.

Synopsis: Das Konzept der „sozialen Gerechtigkeit" als moralisches Prinzip ist für Anthony de Jasay eine Tautologie, die einerseits kaum logisch erkennbaren Gesetzen folgt, und andererseits nur aus unbestimmt definierten Ausdrücken besteht.

In diesem Essay gelingt es de Jasay überzeugend den Versuch zurückzuweisen, mit Hilfe dieses vagen, aber gerade deswegen zündenden Begriffs der „sozialen Gerechtigkeit" eine allgemein moralische Rechtfertigung für die Umwandlung einer ungleichen Verteilung in eine gleiche herzustellen. Die weitverbeitete Behauptung, nach der nur die Gleichheit moralisch zu rechtfertigen wäre und die Ungleichheit somit unmoralisch und in Immanuel Kants allgemeinem Prinzip begründet sei, stellt sich allerdings nach eingehender Analyse als sinnlos dar. Dieses Prinzip der Allgemeingültigkeit verlangt ja, dass die Verteilung von Fall zu Fall gleich ist, und somit gleiche Behandlung gleicher Fälle gefordert wird. Dazu wird aber eine Regelung benötigt, die zunächst bestimmt, welche Meinung Vorrang haben sollte. Eine solche gibt es aber nicht, weil sich schliesslich jeder Fall von jedem anderen in zumindest einem Punkt unterscheidet. Gerade deshalb sprechen wir von einzelnen Fällen.

Von der anmassenden Behauptung, Gleichheit wäre moralisch höherwertig als Ungleichheit, wird dabei in politisch wirkungsvoller Weise eine Notwendigkeit zur Umverteilung abgeleitet, um damit vermeintliche Ungleichheiten auszumerzen. Dies führt im modernen Wohlfahrtsstaat zu unbeabsichtigten Konsequenzen.

Our remote ancestors were hunter-gatherers, wandering around in small bands looking for food. Some members of the band might have had a run of luck, found lots of berries or caught many fish, while the others found and caught none for weeks on end. It is widely believed that those who had plenty of food, instead of gorging themselves in self-satisfaction for being clever, shared the food with those who had none. When the run of luck was reversed, the roles of benefactor and recipient were reversed, too. If some were always cleverer at finding and catching than others, which is not unlikely to have been the case, there was no reversal of roles, and the same hungry were always duly fed thanks to the generosity of the clever.

This pattern of behaviour, if it really existed, did nothing much to select our more clever ancestors for survival, but it did select for survival and increase the bands that practiced redistribution. The bands that did not would shrink and in evolutionary equilibrium probably disappear. Thus, share-and-share-alike has become part of our genetic heritage, though its force might not have acted much beyond the circle of close kinship.

Redistribution has ceased to be a useful strategy for genetic survival with the adoption of sedentary food production that was not very dependent on local luck or personal cleverness. (It was and has remained dependent on wide-area luck, such as regular rainfall, but against such events as drought there was no survival strategy of food-sharing, for there was only shared misery to redistribute). The more output increased above bare subsistence levels, the less relevant became redistribution to genetic survival. For the last ten millennia, it has probably been close to irrelevant for saving genes from extinction.

However, a very basic human interest continued to attach to it with undiminished, and in modern history perhaps increasing, strength. Everyone has in his sights other people who possess and enjoy more desirable things than oneself, and everyone, with the possible but doubtful exception of the jaded rich and the blissfully happy, can envisage some design of redistribution under which he would have more of these things and others would have less.

Envy need play no part in this, though it probably does. It suffices that everybody should prefer to have more transferable goods rather than fewer, and that most people should feel no altruistic compunction about such things being transferred from others to themselves.

If we do not need redistribution for survival, but enough of us are strongly tempted by it for other reasons, there is a vast vacuum for philosophical arguments of varying degrees of ambition and audacity to fill, aiming to show that what might be nice for many would also be right as it would be socially just.

The present essay will first briefly survey the attempts to provide philosophical justification for redistribution by placing equality on the moral high ground (Section I). It will then describe the opposite high ground, namely that marked out by certain simple logical presumptions (Section II). Finally, it will descend into the intellectually less ambitious low ground between the two heights, where actual and proposed schemes of redistribution become the objects, not of moral or logical argument, but of collective choices (Section III).

I. EQUALITY ON THE HIGH GROUND OF MORALITY

1. THE IDENTIFICATION OF SOCIAL JUSTICE

The meaning of "social" in "social justice" is not obvious. It is left unsaid in what way adding the adjective "social" signifies a real distinction between justice with and justice without such adornment. Loose hints would give us to understand that social justice has to do with distribution, (or indeed that it simply means "distributive justice"), but this cannot be right, for justice *tout court* is no less distributive than social justice; albeit putting different principles to work in shaping a distribution. However, no justice can help being distributive.

Justice *tout court* may best be identified by reference to the set of rules that must not be breached for a state of affairs to be just, and that must be breached by an act for an injustice to occur. The primary sufficient condition that must be satisfied for these rules to be just ones is that they have not been imposed by any authority nor by the application of a rule-making rule, but are voluntarily adhered to and enforced by almost all members of a society.

There is in the world of empirical facts a prominent set that matches this description. It is the one whose members are conventions that have arisen spontaneously in the past and continue to survive, overlaid as they may be by layers of legislation that qualifies them or elaborates upon them. They coordinate behaviour on mutually beneficial norms, and sanction deviations from them. A crucial characteristic of these rules is that they are ascertainable, empirical facts and not outcomes of theoretical deliberations, nor deductions about what people would agree to in hypothetical circumstances, nor obedience to commands of final authority.

In striking contrast with justice that is defined by rules, social justice has no rules that, if complied with, would define a socially just state of affairs. However, though it cannot be described in terms of its rules, it can be given an albeit vague descriptive meaning in terms of its aspirations and in terms of what it is said to be doing. Social justice aspires to transform inequalities into equalities, and its acts, such as redistribution by fiscal or other means, are aimed at such transformations. Section II/2 sets out reasons for holding that such transformations are largely illusory and generally amount to creating an equality by obliterating another.

Why does it have this aspiration and why does it act upon it? If the question is asked at all (which happens seldom), the standard answer is: Social justice demands equality because inequality violates it. This is, of course, blatantly tautological and no claim to the moral high ground based on it could stand even cursory examination.

In fairness to social justice, its claim to the high ground is not as empty as its tautological form makes it look. By Kantian inspiration, it relies on the ethical principle of generality or equal treatment, from which it would follow that inequality is morally bad because it is not equality, whereas equality is morally good because it conforms to the postulated ethical principle. The force of the generality principle will be tested in the next section. By way of a preview, we may intimate that the elusiveness and inconsistencies of social justice owe much to the all-encompassing capacity of the vast family of equalities, all of which cannot be squared with one another at any one time.

2. THE SELECTION OF EQUALITIES

In order to minimise the risk of muddle as we proceed down this road, it seems necessary at the outset to inflict on the reader the tedium of some conceptual order. A *distribution* describes the (at least ordinally quantifiable) goods or bads, rewards or punishments, praise or blame, honours, privileges, benefices and burdens, assets and debts, incomes and costs that in a given state of affairs accrue to their recipients, or are claimed for them by some argument. *Equality or equal treatment* is some regularity of the distribution, such that it will with reasonable accuracy predict the share of each actual or prospective recipient in the distribution of the good or bad. For the present purpose, the recipient is an individual or a household. *A case* is a full description of the recipient, his properties and circumstances, his being and doings. The *generality* principle demands that the distribution should provide an equal share to each case. It requires *treating like cases alike.*

Formally, an equality can be expressed as a function relating a dependent variable (the share in the distribution) to one or more independent variables (the grounds, or reasons, for receiving the share). A function with one independent variable describes a *simple*, one with more than one a *compound equality*. The function may be linear (specifying an Aristotelian or proportionate equality) or non-linear (specifying a more or less than proportional equality).

Simple equalities typically express dependence either on *doing* or on *being*. "To each student who studies, a stipend" reserves the

Philosophie

stipend to cases where the student does actually study. "To each student, a stipend" makes the latter dependent only on the former, i.e. the status of being a student. A perhaps less sharp instance of this alternative is the hourly paid worker whose wage depends on how many hours he works in the week, and the director on an annual salary who owes it to his status, *his being* a director (though his being one may in turn depend on things he has *done* or is *doing*). The ultimate distinction is between recipients who share in the distribution on the ground that they act in certain ways (exert effort, use their talents, achieve a result) and recipients who owe their share to their status as human beings. The latter case can be seen as a limiting member of the class of non-linear functions where the share earned by an act increases less than proportionately to the act until in the limit the act fades into irrelevance and recipients are all left with the same share regardless of what, if anything, they do. One sometimes detects a propensity in social justice arguments to favour status over acts in the role of independent variable.

A compound equality is a dependent variable upon which several independent variables have exerted some weight. They may be linear or non-linear and based on doing or being, depending on the nature of the case. For instance, the distribution of a payroll among the employees of an enterprise may depend, among other things, on a basic wage rate, hours worked, grade of skill, productivity, seniority, responsibility, family situation, etc. In general, regression analysis with selected variables will usually explain most of the distributive outcome. Any residual that remains unaccounted for can possibly be reduced by adding further independent variables until it is fully explained or, failing that, the residual can be ascribed to some chaotic element that characterizes less than perfectly ordered states of affairs. It should go without saying that when regression analysis to a greater or lesser extent explains a distribution as a compound equality, the critic can always dismiss some or indeed all but one of the explanatory variables as irrelevant or morally objectionable, and judge the distribution an unjust inequality. There is no answer to such criticism at the level of a particular distribution; anyone must be free to have opinions about them, but they cannot claim precedence over rival opinions.

This suggests that distributional outcomes are seldom, if ever, predominantly chaotic, but nearly always thinly hide some compound equality The particular equality that regression analysis reveals may or may not please everyone equally. However, it does not violate social justice if we are to take it that the latter is breached only by inequality. Note, however, that if this position was taken, there would be little or nothing left of social justice except a series of judgments about which of two or more alternative equalities is to be preferred. For such judgments to represent a valid claim to the moral high ground, there should have to be some rule for ordering rival judgments into a hierarchy so as to tell which should prevail. No such rule is in evidence.

Let us now revert to generality and the command "treat like cases alike" that the principle implies. Each case is different from every other case in at least one respect, for otherwise it would not be a separate *case*. Stated rigorously, the generality principle is therefore nonsensical, for in application it reduces to "treat each case like itself". To rescue generality, every case should have to be made like every other. Rawls's "veil of ignorance" may be seen as a contrivance that achieves this by hypothetically getting every recipient of the to-be-agreed on distribution to behave as if he were the same as every other. Playing with such a contrivance has proved to be a mental exercise that attracted many students, but being an arbitrary fiction (cf. Section I/3) it can do nothing to help lift social justice doctrine to the moral high ground.

Some less stringent statement of the generality principle may perhaps be admitted. "Like cases" may be read, not as sameness in every respect, but as equal dependence of each case on the same independent variable, so that if they are treated alike, simple equality prevails. For instance, we would then say that if every worker is paid the same hourly wage, they are being treated alike. It springs immediately to mind, though, that equality of the hourly wage obliterates several alternative equalities, e.g. "to each, the same weekly pay" (regardless of how many hours he worked), or "to each, according to his output", etc.

What this shows is that social justice doctrine is in general unable to make the basic choice which it is widely supposed to be called upon to make, namely the choice between equality and inequality. That choice is in general simply not available. If it exists anywhere, it is confined to distributions that are predominantly chaotic, governed by no discernible rhyme or reason. What social justice can generally achieve is a choice of one equality at the cost of obliterating one or more other simple or compound equalities.

In sum, if we conceded that the generality principle does validate the moral superiority of equality over inequality, we should still find it of little help for bolstering up social justice doctrine for the simple reason that few distributions are chaotic, i.e. truly unequal. In the next section, I will seek to demonstrate that even the initial premise of generality should not be conceded and it is arbitrary to demand that it should be.

It seems already clear enough, though, that social justice doctrine must renounce most of its untenable or at least weak theoretical pretensions if it is to operate at all. A few equalities must be selected as relevant to it, while any attempt to make it compatible with a generalized form of equality must be abandoned.

Redistributive policies practiced and demanded, academic opinion and everyday parlance seem to converge on three equalities as chiefly relevant to popular notions of social justice: Income- or wealth-equality, consumption-equality and utility-equality. "Equal respect" and the even more elusive "equal rights" may be remembered as also-rans.

Academic discussion of social justice tends usually to mean income-equality when postulating equality. Income-equality does not necessarily require the levelling of pre-tax incomes, for it can just as well be achieved at the post-tax level and focusing on the latter has the advantage that while attempts to equalize pre-tax incomes would be an overt violation of property and the freedom of contract, leaving them ostensibly intact and free to determine pre-tax distribution and then equalizing post-tax incomes by fiscal means has the appearance of a less brutal intervention, albeit having the same effect.

Consumption-equality requires that regardless of their income, certain categories of persons should each be able to consume (as in health care) or be made to consume (as in compulsory schooling) the same quantity of certain goods. Utility-equality gains its importance from two separate notions. One is that the utilities enjoyed by different persons are commensurate quantities and can therefore be compared in terms of some objective measure. The other is that as income rises, its utility rises less than proportionally, so that equalizing incomes increases the sum of utility enjoyed by the recipients, though this may not ensure that each gets the same share in the total. Utility-equality can take eccentric forms, such as talk of the blind cripple needing many times the income of the millionaire to be no worse off, though these suggestions are hardly meant seriously. A far more substantial use of utility-equality is the demand, often satisfied, that particularly deserving social groups should receive privileged treatment, subventions or tax concessions even if this involves violation of income-equality. It looks a safe conjecture that if income-equality could ever be largely achieved, the pursuit of utility-equality in the latter form would continually upset it. The reverse conjecture is only a little less plausible: If some imaginary utility-equality came to predominate over the distribution of incomes, social justice would call for its reversal by the pursuit of income-equality.

3. The Putative Moral Defect Of Inequality

Pending some conclusive reason to the contrary, treating it as self-evident that equality is intrinsically good and inequality intrinsically bad is gratuitous. Astonishingly enough, the bare assertion is readily accepted and confidently echoed in the literature on social justice and in political discourse on the subject. The scene is reminiscent of the parable about the Emperor's new clothes. Everybody praises them mainly because they seem to please everybody else around, and it occurs to nobody to ask what exactly is so pleasing about them. Few are courageous and candid enough to call out aloud that the Emperor has no clothes.

Justice has "To each, his own" as its device; social justice's device is "To each, the same". The former is clearly the conclusion of a string of perhaps lengthy and complex findings about what in fact belongs or is due to each. It presupposes knowledge, in principle if not in factual detail, about the property of each, the freedoms he can exercise without hindrance and the contracts that define the obligations each owes to others. Without specification of these facts, the device "To each, his own" would be patently empty, fitting any content one may fancy to attach to it. There is no such lack of specification implied in "To each, the same". It is not empty without one. It postulates quite adequately that what is distributed must be distributed equally (whether this can be done while still leaving other equalities intact is not considered).

Moreover, it states this as if it were obvious, admitting no question why this should be so. Proceeding in this manner is no doubt an effective gambit, as witness the popularity and academic respectability the idea of social justice enjoys. Yet, it provides no defence against the devastating, albeit rarely voiced, finding that the Emperor has no clothes.

For the claim to the moral high ground to be capable of being seriously grappled with, it needs to say why inequality is wrong and equality right. There are a number of arguments seeking to establish this, and they can be classified in a number of ways. One such class consists of loose strands of thought derived from varying interpretations of Christian teaching, very influential in the Middle Ages and then again from the late 19th century onward. The post-Enlightenment era brought the thesis that equality had instrumental value (and inequality disvalue), because an equal distribution of happiness-bearing goods maximised the happiness they brought. Belief in this thesis stubbornly persists in all but the more sophisticated strata of opinion. In a less naive variant of such ideas, a person would prefer equal to unequal distributions if he were just as likely to have one particular future place in society as any other. There is no reason to imagine that a person's likely future place is altogether unknown to him. It would be highly unusual if it were. To obtain equiprobability of one's future place, recourse is had to morality in a roundabout way. It induces people to hide from themselves the personal qualities and endowments that would tell them something about their probable future place in society. Hence equiprobability is achieved. Morality has the instrumental value of leading people to choose the distribution of income that would maximise their expected utility ("primary goods") if they really had no idea what their future place in society was likely to be.

Such a theory has the merit of not postulating that inequality is wrong *per se*. What is morally wrong is to have endowments and qualities, not because they would give rise to inequalities unless prevented from doing so, but because they are undeserved, "hence" morally arbitrary. The implication is that what is not specifically deserved is undeserved; a personal quality or endowment needs a justificatory reason to escape "moral arbitrariness".

To claim that something is undeserved unless a good reason is speaking for it is no less arbitrary than to claim that something is deserved unless a good reason speaks against it. To claim that one is arbitrary and the other is not is itself arbitrary. Analogous reasoning can be applied to equality and inequality. There is no apparent high ground that would command equality a different treatment from inequality. Either both need a reason, or neither does. However, both are parts of states of affairs that may well be judged and treated differently on other grounds.

II. THE HIGH GROUND OF LOGICAL PRESUMPTIONS

1. Qui S'Excuse, S'Accuse

Section I was meant to persuade the reader that the occupation of the moral high ground by equality was at best precarious, at worst illusory. Equating inequality with social injustice was an ingenious gambit that has borne fruit in popular opinion, but its blatantly tautological nature was easy to uncover. Condemning inequality as morally arbitrary, though an escape from the tautology involved in "inequality is unjust, therefore justice demands equality, therefore inequality is unjust", is itself morally arbitrary, for the requirement that there must be a moral reason for inequality has precisely the same force as the one that there must be a moral reason for equality.

However, a broad stream of political thought from Locke to Nozick and other libertarians, takes the claim of the advocates of social justice to the moral high ground at face value. It puts up defences against the moral opprobrium cast upon ownership that is free to exclude the non-owner. By so excusing itself, as the saying goes, it accuses itself.

The most resounding of the clashes between "To each, his own" and "To each, the same" is over property. It is by putting up a defence for property that accusations against it are implicitly vindicated.

A solid basis for the accusation is offered by Locke's two well-known provisos and particularly by the serious attention that, puzzlingly enough, it has received and is still receiving. The first proviso requires that in order legitimately to appropriate unowned property, a person must "mix his labour" with it. Though it turns out that "mixing" need not involve anything very onerous, - picking a fruit from the tree is legitimate appropriation of the fruit - this proviso implicitly concedes the point that for the unowned asset to become owned, it does not suffice for the first owner to be the first to claim it. "Finders keepers" is not good enough, the finder must also "mix his labour" with his find. The reason seems to be that everything, including the find, has been given by God to mankind, hence nothing is really unowned. By appropriating an asset, the first owner is withdrawing it from the rest of mankind, and he must redeem this offence by investing his labour in it. Why doing this should have a redeeming effect upon the offence is not clear.

That it does not indemnify the rest of mankind nor buy its forgiveness for the offence, transpires from Locke's second proviso. Appropriating the asset is legitimate "if enough and as good is left for others", i.e. if mankind suffers no opportunity loss by virtue of some of its common heritage being taken into individual ownership. If the first proviso had real effect, the second proviso would be redundant, and vice versa. In fact, in a world where the finding cost of unowned assets is increasing as more unowned assets are appropriated, or where their quantity is finite, or both (which is the likely contingency), fulfilling the second proviso becomes impossible as appropriation continues, and by backward induction it is impossible from the very beginning. The Lockean apology of appropriation not only fails altogether, but leaves on property the stain of injustice and on its owner the assumption of guilt.

Pains have since been taken to extricate ownership from the absurd situation produced by its defence turning into self-accusation. It has been said, reasonably enough, that the transfer of all known assets from the common ownership of mankind into somebody's ownership has caused a vast expansion of wealth which amply compensates all for whom "enough and as good" was not left. However, this is neither here nor there, for unsolicited compensation may well not buy absolution. Far more importantly, the very suggestion of compensation concedes that there is an offence, a harm, a violation of the right of others, to be compensated for. The guilt of the owner and the illegitimacy of property are accepted as the starting point.

A somewhat different line of the sort of defence that turns into self-accusation by the very assumption that a defence is needed, hinges on the curious notion of self-ownership. Assets are created by the effort of the self and since the self owns itself, it must be acknowledged as owning the assets as well. It may be pertinently objected that this argument misunderstands property, for though a person may own another person as his slave, nobody can own himself or herself, if only because it would be nonsense to talk of its "transference by consent" to another self. Such conceptual objections, however, are as nothing to the main point I seek to make, namely that like compensation due to the property less, self-ownership is meant to defend property and in doing so, it admits that there is a case to be answered. In fact, no case has been made.

2. Presumptions Favouring The Status Quo

The apologetic stance in defence of property that descends from Locke, but that might well have arisen here and there without his maladroit initiative, is not only a tactical error of monumental importance. It also runs counter to the logical structure of validating statements about what is the case.

Consider the conduct of the defence. It selects a possible accusation, say that a person who, in keeping with the convention of finders keepers, takes unowned property into his ownership, is depriving all others of the chance of finding and keeping it. All must have equal opportunity to appropriate the property in question, hence either nobody must have it or all must have it ("to each, the same"). Having formulated the charge, it proceeds to falsify it by showing that equal opportunity for each to find the same ("enough and as good") is in any strict sense materially impossible. It then conjures up the alternative charge namely that the equality of opportunity requirement relates not to the equal chance of finding a given asset or even property in general, but to the equal chance of attaining material wellbeing. If some have property and others do not, their chances are not equal. Though this charge cannot in a proper sense be falsified, it can be disarmed by pointing out that the capitalist system in which only some have property has proved itself capable of generating far greater material wellbeing than any that has yet been tried, notably the one where none may own productive property. Since equal opportunity to have property is merely instrumental to equal opportunity to wellbeing, and unequal property produces greater wellbeing, it produces greater opportunity for each to attain wellbeing than would the same property distributed equally for all or allowed to none. The defence then takes account of the more blunt charge that equality and wellbeing are not commensurate (at least, it is highly contestable that they are) and cannot be traded off against one another. Against this, the defence has recourse to the no less blunt fact that the respect for property is one of the basic conventions of justice to which men have since time immemorial adhered either spontaneously or for fear of being sanctioned by those who so adhered.

So it may go on and on. The play of conjuring up hypothetical accusations and rebutting them one by one may thus be spun out indefinitely, its length limited only by imagination and patience. Instead of the institution of property, it may be more pertinent to consider a representative asset held by an owner. If he wishes to defend his title before knowing whether it is disputed and if so, on what grounds, he must think of conceivable hypothetical grounds and falsify each. The possibility of accomplishing this depends on the number of possible grounds or on the number the owner can think of before his imagination is exhausted, whichever is larger. Whichever of the two is larger, the number is unknown. It can at best be an object of conjecture. Put formally, it is a probability distribution where the number of grounds being indefinitely large has a non-zero probability. If so, it is not only practically, but also logically impossible to falsify the charge that the owner does not have good title to his property. This is obvious, since as each potential charge is falsified, there is always some probability of an additional one being thought of.

This, the reader will have noticed, is the same reasoning that leads to the presumption of freedom, which maintains that since all conceivable objections to a course of action can never be falsified, the claim that the course of action is objectionable can only be validated by its challengers verifying at least one particular objection. Pending this, there is a presumption that the action is free. Likewise, pending verification that the owner's title to the property is defective, it is presumed to be good. In sum, by virtue of the asymmetry between falsification and verification as ways of validating a statement, a ground for invalidity of a title cannot be falsified, but it can be verified.

Between the binary alternatives "the title is good" and "the title is not good" there is a presumption in favour of one. Which way the presumption leans depends on what is actually the case, namely on the status quo. If it is the case that nobody has good title, the proposition that somebody might establish one for himself cannot be falsified. There is a presumption that such claims are not valid, and this presumption prevails until someone verifies the contrary by a valid argument showing that he does have good title. Failing such verification, the presumption that no one has good title is sustained.

It needs hardly be spelt out that while this is logically acceptable as long as ascertainable facts are held to be decisive, it ceases to be so in a normative approach. If none has good title because "to each the same" can only be realised if none has any, empirical reasoning is ruled out at the outset. It may then be asked how the proposed but far from established norm "to each the same" can confer authority for such ruling-out.

3. Camping On The High Ground

"To each his own" is high ground in that it refers to what is rather than to opinions, such as the social justice doctrine, that seek to establish what ought to be. This stance does not imply any claim that the status quo is intrinsically good let alone more desirable than any feasible alternative. It does imply, though, that non-unanimous, adversarial demands to reshape the status quo can only be entertained if they redress an injustice manifested in a breach of the rule system on which the status quo is based, and not to redress a state of affairs deemed to be an injustice in terms of some doctrine that rejects this rule system. The rule system of the status quo protects property by first appropriation and "transference by consent", and agreement under the freedom of contract. This stance does not recognise alleged injustices that are not also the consequences of acts that are breaches of this rule system. In the face of demands for social justice, the property status quo has no case to answer. By answering, let alone anticipating them, it is abandoning the high ground on which its camp should by rights be located.

III. REDISTRIBUTION

The present section has no general validity. It is confined to the case where rules, including the rules of property and contract, are set by a rule-making rule (constitution) under which alternatives are chosen by majority vote within the institutions commonly known as democratic and where the rule-making rule can itself be changed, albeit gradually and in roundabout ways. Under a rule-making rule tolerated by a majority, majority rule will tend to prevail. In that case, alternative voting coalitions attract voting members by the prospect of alternative schemes of redistributing income or wealth (redistribution of other transferable goods, such as privileges, offices or honours, will not be separately considered). Other things equal, voters join coalitions whose redistributive programme offers them the greatest gain or the smallest loss. Rich-to-poor redistribution can always trump poor-to-rich redistribution.

1. The Bribe

Under the democratic system sketched above, there is a permanent incentive to dismantle the part of the ancient rule system that protects the title of owners to their property and the contractual (or customary) incomes arising from it. Though, formal proof may be unfeasible, it is plausible to take it that as long as wealth or income are unequally distributed, a majority coalition that includes the poor can increase its own average by making the distribution more equal, while if it is by some fluke or by earlier redistributive efforts actually equal, a majority coalition can gain by making it unequal at the expense of the minority.

The result would resemble a repeated three-person distribution game where in each round of the game two of the poorer players would coalesce to dispossess the richer player, while if all three were equally rich or equally poor, two would coalesce to make themselves richer at the expense of the third. The roles of rich and poor would of course alternate in each round if the game were a pure zero-sum distribution game, i.e. excluding production.

This neat mechanism, however, works less neatly than its "design" would seem to predict. A number of reasons, all subsumed under "other things" not being equal, contribute to less neat outcomes. One is the vicissitudes of campaign finance the organizers need to meet, i.e. the cost of recruiting their voting coalition. Another is due to the organizers being associated not only with a particular redistributive project, but also with side issues that are independent of the project but get bundled up with it in the minds of the electorate. Nationalism, religion, softness toward young delinquents, homosexuality, nuclear energy, the work ethic are such issues that may move the electorate to vote against a redistributive project that would maximise its gain, and form a winning coalition in favour of lesser or no gain. The likely upshot is that redistribution will still take place over time, but less inexorably and radically than the pure mechanism of majority rule might lead one to expect.

There is an endemic fear among the better-off and an endemic hope among some of the badly off that if redistribution is not brisk and purposeful enough to make egalitarian goals seem within reach, a revolutionary situation will be engendered and social justice will be fought for on the barricades. There is no evidence of any kind to justify this fear (or hope); if anything, historical experience seems to show that revolutionary situations are produced by precisely the opposite circumstances. It is when the defences of the status quo were crumbling and its defenders looked like conceding the high ground that revolutions tended to occur, but for no clear reason the lessons of history to this effect have never been learned.

Thus it is the almost uncontested received wisdom that social democracy is really a more or less consciously adopted device to forestall the threat of revolutionary upheavals. The electorate in a democracy would not stand for a system where justice was the justice of property and contract, undiluted by concessions to popularly more favoured alternative equalities. Social democracy recognizes that the undiluted system of secure title and free exchange produces wealth and probably more of it than any other, but it is hoping to have it both ways by diluting it with repeated and fairly generous *ad hoc* concessions to what it loosely calls social justice. The result remains a matter of some controversy.

While most of this is commonplace, it also contains a grain of genuine interest. This interesting grain is the contention that any "free enterprise" advocate in his senses must approve of social democracy, because without it, the system in which free enterprise thrives would have long been overthrown. If redistribution is the indispensable bribe the electorate must have to let the capitalist system survive then it is in the vital interest of capitalism to underwrite redistribution rather than oppose it. Discussing the moral basis of "to each the same" and the logico-epistemological foundation of "to each his own" becomes at best a pastime of no consequences, at worst a troublesome noise of discord.

2. TO EACH THE SAME – UP TO A POINT

There could, then, be a state of general opinion which had little interest in principles, nor in how to derive from some or other of them a concept of justice None would insist on equality of this or that, but all would be content with successive steps toward one or another simple equality, without caring too much about the violence this would do to some compound equalities. None would hold out for the inviolability of property and the freedom of contract, but all would agree that moderate wealth or inheritance taxes, a progressive income tax and some regulatory micromanagement are not too harsh breaches of them.

The Nirvana established by such a social democratic truce, however is unstable. It may have largely resolved the rich-to-poor conflict that would otherwise persist over the demand for income-equality and the resistance to it. But it does not do away with claims for other equalities, most particularly for consumption-equality. The rise of the welfare state is, in fact, above all a response to demands for consumption-equality in such areas as compulsory social insurance, the extension and levelling of public education, publicly provided health care and a host of minor public goods. Providing these welfare entitlements is not primarily, or perhaps not at all, a matter of rich-to-poor redistribution. It is rather a contribution of all income groups to provide a particular public good targeted to benefit mainly one of these groups at a time; parents of school-age children, old people, litigants needing legal aid, sick people, opera-lovers, victims of natural disasters and all the other groups who receive direct transfers. I have named this kind of redistribution "churning", for it does not flow in a single defined direction and it is seldom clear who derives a net benefit from it and who is a net loser. It is characteristic of it that only a small part of total transfers is in the form of cash. Most benefits are given in kind, which reflects the paternalistic convictions of the welfare providers and the acquiescence of the recipients who are unaware of the aggregate welfare loss they suffer from having to take welfare in kind rather than in cash.

Herein lies one of the probable causes of why welfare states are unstable, chronically drifting into financial imbalance, without their relative generosity earning them the satisfaction of their electorate. Each group within the latter has a permanent incentive to fight for greater benefits, safe in the knowledge that the excess cost would be mostly borne by other groups, while if it failed so to fight, it would become the passive victim of the other groups which do fight for their own pressing claims. Objectively, "churning" where horizontal redistribution predominates, ought to be generating as much antagonism between the young and the old, the sick and the healthy, the parents and the childless as rich-to-poor vertical redistribution has traditionally done, though it is not evident that it really does.

A good way of understanding the state of play between two doctrines of what each should get, and the doctrine-less but no less unhappy compromise embodied in our contemporary welfare state, is to reflect on the equally doctrine-less alternative first sketched by Milton Friedman[1] that has since blossomed out into a more expansive flower of unrestrained fantasy in academic greenhouses but never took hold in political practice.

For Friedman, the point of redistribution was not to achieve more equality. He was convinced that the capitalist system was a natural equaliser and when he launched his proposal, this looked like being the case. For him, the object of redistribution was to alleviate poverty which, he admitted with some regret, may require compulsion. He thought, however, that the incipient welfare state with its chaotic subventions and grants was doing it with singular inefficiency. He estimated that bringing the poorest 20 per cent of U.S. households up to the bottom level of the remaining 80 per cent by giving them cash transfers – what he called a "negative income tax" – would cost no more than half the actual total of all the anti-poverty expenditures. He did not think 20 per cent was necessarily the right proportion. It was for the democratic political process to determine how much it should be. He saw the danger that a majority could then systematically exploit the minority, but hoping for the best he left it at that.[2]

The "negative income tax" is a return from consumption-equality to income-equality, or more precisely to income-equality up to a point. It is the unwitting father of the more general proposal of a "universal basic income" that has since been widely canvassed among academic advocates of social justice. Their proposal does not specifically target poverty and does not commit to what income should be adopted as "basic". Evidently, if all incomes above the mean were taken away and distributed to make up any shortfall below the mean, the mean would become the universal basic income and complete income-equality would be achieved, at least on paper. Redistribution "up to a point" is mild or radical depending on the "point" up to which it is carried. That point is obviously mobile, though it is easier to envisage it being upwardly than downwardly mobile.

Interestingly, there seems to be an open breach between the overtones about poverty that used to accompany the demands for social justice – namely that poverty is a product of unfairness of the system and of ill luck – and the universal basic income proposal which admits elective poverty. Choosing to enjoy basic income while spending one's days on the beach is as good a ground for getting it as honest, boring toil.

IV. SOME CONCLUSIONS

This essay identifies social justice as an attempt to provide moral justification for transforming unequal into equal distributions. The claim that morality speaks for equality and against inequality is based on the Kantian generality principle, which is shown to be nonsense if taken literally, and goes only a little way if interpreted loosely. Failing that principle, either both equality and inequality require a reason, or neither does. Treating equality as an instrumental rather than a final value, as done by Rawls, is no more successful if only because of the arbitrariness of holding that what is not specifically deserved is undeserved.

Much of the doctrinal incoherencies of social justice stem from a poor understanding of the concept of equality. Compound equalities that explain distributions are ignored or dismissed, and interpreted as inequalities. Lacking a clear general rule, social justice is reduced to selecting certain putative inequalities as targets for redress by redistribution.

While social justice doctrine claims the moral high ground, the opposite high ground is held by the conventional rule system of justice with freedoms of property and contract. Since challenges to title cannot logically be falsified, there is a presumption in favour of the property status quo. The reasoning is the same as the one leading to the presumption of freedom.

The redistributive compromise of social democracy rests on no doctrine, but rather on the supposition that without it the whole social order would be rejected. Social democratic welfare states redistribute not so much vertically from rich to poor, but rather horizontally between groups interested in particular kinds of welfare entitlements. This "churning" tends to be disorderly and expensive in terms of lost welfare. Milton Friedman's proposal of a negative income tax was offered as cleaner and cheaper method of alleviating poverty, with no suggestion that social justice demands it. Later, it has been developed into an ambitious doctrinal move for a universal basic income for all that may imply partial or total income-equality and that individuals would get as of right. No fresh argument is advanced that morality would require the adoption of such a scheme. One may perhaps hazard the prophecy that appeals to morality will be playing a progressively smaller role in the advocacy of social justice, with other types of arguments for redistribution taking up the slack.

---

[1] Milton Friedman, Capitalism and Freedom, 1962, Chicago, University of Chicago Press, Chs. X to XIII.

[2] Op. cit. pg. 194